	願望	たし	願望（…タイ、…テホシイ）	たく たから	たく たかり	たし	たき	たけれ	○	形容詞型	動詞・助動詞「る」「らる」「す」「さす」の連用形
終止形	推量	べし	推量（…ニチガイナイ、…ソウダ、…ダロウ）意志（…ウ、…ヨウ、…ツモリダ）適当（…ノガヨイ、…ノガ適当ダ）当然・義務（…ハズダ、…ナケレバナラナイ、…ベキダ）強い勧誘・命令（…ベキダ、…セヨ）可能（…デキル、…デキルハズダ）	べく べから	べく べかり	べし	べき べかる	べけれ	○	形容詞型	
終止形	現在推量	らむ〈らん〉	現在推量（今ゴロハ…テイルダロウ）現在の原因推量（…ノダロウ、…ダカラダロウ、〈ドウシテ〉…テイルノダロウ）現在の伝聞（…トカイウ、…ソウダ）現在の婉曲（…テイルヨウナ、…ト思ワレル）推量（…ダロウ）	○	○	らむ〈らん〉	らむ〈らん〉	らめ	○	四段型	活用語の終止形（ラ変・ラ変型の活用語には連体形に接続） ＊ラ変型の活用語…形容詞（カリ活用）・形容動詞・ラ変型活用の
終止形	推定	らし	推定（…ラシイ、…ニチガイナイ）	○	○	らし	らし（らしき）	らし	○	特殊型	
終止形	推定	めり	推定（…ヨウニ見エル、…ヨウダ）婉曲（…ヨウダ）	○	（めり）	めり	める	めれ	○	ラ変型	
終止形	推定	なり	推定（…ヨウダ、…ラシイ、…ニチガイナイ）伝聞（…トイウコトダ、…ソウダ、…ト聞イテイル）	○	なり	なり	なる	なれ	○	ラ変型	
終止形	打消推量	まじ	打消推量（…ナイダロウ、…マイ）打消意志（…マイ、…ナイツモリダ）禁止・不適当（…テハナラナイ、…ナイホウガヨイ）打消当然（…ベキデハナイ、…ハズガナイ）不可能推量（…デキナイダロウ、…デキソウニナイ）	まじく（まじから）	まじく まじかり	まじ	まじき まじかる	まじけれ	○	形容詞型	
体言 連体形	断定	なり	断定（…ダ、…デアル）存在（…ニアル）	なら	なり に	なり	なる	なれ	（なれ）	形容動詞型	体言・活用語の連（一部の助詞や副詞にも接続）
体言	断定	たり	断定（…ダ、…デアル）	たら	たり と	たり	たる	たれ	（たれ）	形容動詞型	体言
その他	完了	り	存続（…テイル、…テアル）完了（…タ、…テシマッタ）	ら	り	り	る	れ	（れ）	ラ変型	サ変の未然形・四段の已然形（四段については命令形に接続するという説もある）
その他	比況	ごとし	比況（…ト同ジダ、…ニ似テイル、…ヨウダ）例示（タトエバ…ノヨウダ、タトエバ…ナドダ）	ごとく	ごとく	ごとし	ごとき	○	○	形容詞型	体言・活用語の連体形・格助詞「が」「の」
その他	比況	やうなり	比況（…ヨウダ、…ミタイダ）例示（タトエバ…ヨウダ）様子・状態（…様子ダ、…状態ダ、…ヨウダ）婉曲（…ヨウダ）	やうなら	やうなり やうに	やうなり	やうなる	やうなれ	○	形容動詞型	活用語の連体形・格助詞「が」「の」

文語動詞一覧

ページ	種類	行	語	語幹	未然形	連用形	終止形	連体形	已然形	命令形
13	四段	カ行	聞く	き	か	き	く	く	け	け
13	四段	ハ行	思ふ	おも	は	ひ	ふ	ふ	へ	へ
15	上一段	マ行	見る	(み)	み	み	みる	みる	みれ	みよ
15	上一段	ワ行	居る	(ゐ)	ゐ	ゐ	ゐる	ゐる	ゐれ	ゐよ
15	上二段	ダ行	恥づ	は	ぢ	ぢ	づ	づる	づれ	ぢよ
15	上二段	ヤ行	悔ゆ	く	い	い	ゆ	ゆる	ゆれ	いよ
17	下一段	カ行	蹴る	(け)	け	け	ける	ける	けれ	けよ
17	下二段	ア行	得	(う)	え	え	う	うる	うれ	えよ
17	下二段	サ行	寄す	よ	せ	せ	す	する	すれ	せよ
17	下二段	ハ行	経	(ふ)	へ	へ	ふ	ふる	ふれ	へよ
19	カ変		来	(く)	こ	き	く	くる	くれ	こ (こよ)
19	サ変		す	(す)	せ	し	す	する	すれ	せよ
21	ナ変		死ぬ	し	な	に	ぬ	ぬる	ぬれ	ね
21	ラ変		あり	あ	ら	り	り	る	れ	れ

文語形容詞一覧

ページ	種類	語	語幹	未然形	連用形	終止形	連体形	已然形	命令形
27	ク	なし	な	く から	く かり	し	き かる	けれ	かれ
27	シク	をかし	をか	しく しから	しく しかり	し	しき しかる	しけれ	しかれ

文語形容動詞一覧

ページ	種類	語	語幹	未然形	連用形	終止形	連体形	已然形	命令形
29	ナリ	あはれなり	あはれ	なら	なり に	なり	なる	なれ	(なれ)
29	タリ	堂々たり	堂々	(たら)	たり と	たり	たる	(たれ)	(たれ)

品詞分類表

- 自立語　*単独で文節(文を、音読するとき不自然にならない範囲で区切った単位)になることができる語。
  - 活用する
    - 述語となる(用言)
      - ウ段で言い切る* …………❶動詞
      - 「し」で言い切る …………❷形容詞
      - 「なり」「たり」で言い切る …………❸形容動詞
  - 活用しない
    - 主語となる(体言) …………❹名詞
    - 主語とならない
      - 修飾語となる
        - 用言を修飾 …………❺副詞
        - 体言を修飾 …………❻連体詞
      - 修飾語ならない
        - 接続する …………❼接続詞
        - 接続しない …………❽感動詞

*ラ変動詞は「り」で言い切る。

- 付属語　*単独で文節になることができない語。
  - 活用する …………❾助動詞
  - 活用しない …………❿助詞

【各品詞の例語】

❶**動　詞**…行く・着る・恋ふ・往ぬ

❷**形容詞**…多し・かなし・いみじ

❸**形容動詞**…おろかなり・つれづれなり

❹**名　詞**…紫式部・天の橋立(固有名詞)
花・心・神官・道(普通名詞)
二つ・三番・二月(数詞)
こと・ため・まま(形式名詞)

❺**副　詞**…かく・つくづくと・かさねて
うたて・げに・やうやう
いさ・いかが・あに・たとひ
ゆめ・いかで・あたかも

❻**連体詞**…あらゆる・さる・きたる

❼**接続詞**…されど・さて・しかるに

❽**感動詞**…いざ・えい・あはれ・あな

❾**助動詞**…る・ず・けり・べし・なり

❿**助　詞**…が・の・を・に・と(格助詞)
ば・が・て・つつ(接続助詞)
だに・さへ・ばかり(副助詞)
は・も・ぞ・なむ・や・か・
こそ(係助詞)
な・ばや・かな・よ(終助詞)
や・を(間投助詞)

はしがき

『ニューフェイズ』シリーズは、基礎レベルから大学入試レベルへとステップアップしながら新しい入試にも対応できる力を養成することをねらいとした問題集シリーズです。幅広いジャンルから厳選した良質な文章を数多く読み込むことで、あらゆる文章に対応できる読解力が身につくように構成しています。また、大学入学共通テストをはじめとするさまざまな大学入試の出題傾向を参考にした「読み比べ」問題も収録しています。

本書の特色

一．古文編は、「本文の展開」「重要古語」「読解問題」「文法の整理」からなる問題演習で構成し、各回に計50点を配点しました。

二．漢文編は、基礎事項の整理・確認と問題演習からなる導入と、「本文の展開」「読解問題」「基本句形の整理」からなる問題演習で構成し、各回に計50点を配点しました。

三．巻末付録は、「『読み比べ』問題に取り組む際のポイント」「技能別採点シート」を用意しました。「技能別採点シート」では、各設問についている「設問区分」ごとの点数を集計することができ、自分の弱点を把握することができます。

※本シリーズで取り上げた本文は、問題集の体裁上の配慮により、原典から文章の中略や表記の変更を行ったものもあります。

使い方のポイント

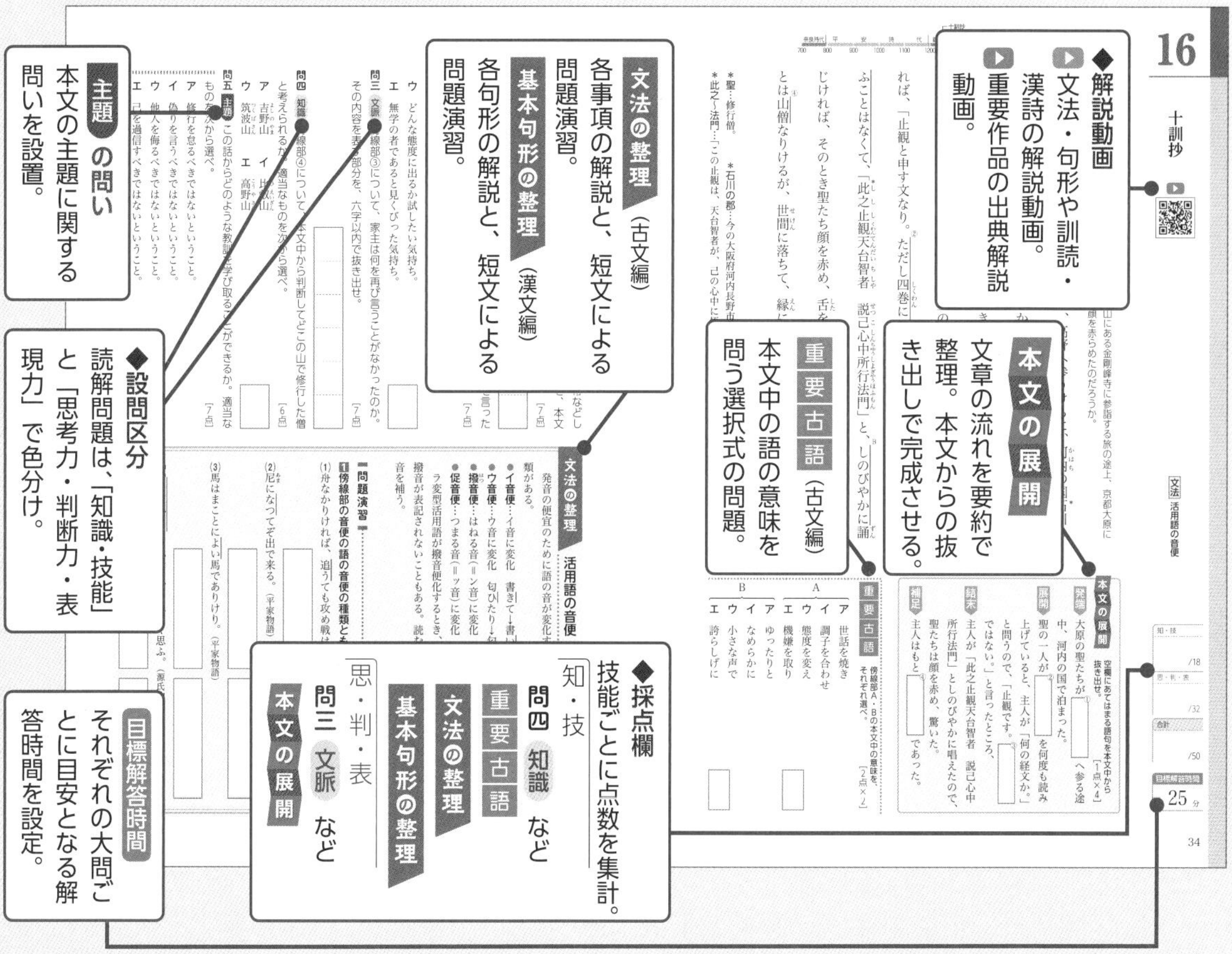

ニューフェイズ古典1

目次

古文編

解答のルール

解答欄のマス目の使い方

一マスに一字が基本。とくに指示がない場合、句読点や記号、カギカッコなども字数に数える。

原稿用紙とは違うので、行末のマス目に文字と句読点などをいっしょに入れないようにしよう。

字数指定の答え方

十字以内で答えよ→十字を超えないで答える。

十字程度で答えよ→十字を少し超えてもよい。

これらの場合、指定字数の八割以上で答えよう。

十字で答えよ→十字ぴったりで答える。

八字以上十字以内で答えよ→八字から十字までで答える。

読みの答え方

歴史的仮名遣いの読み方→指定がない場合は平仮名・現代仮名遣いで答える。

例 法師→
○ほうし（現代仮名遣い）
×ほふし（歴史的仮名遣い）
×ほーし（現代の発音）

書き下し文の答え方

①文語文法に従い、歴史的仮名遣いで書く。
②送り仮名は平仮名で書く。
③原文の漢字はそのまま用いることを原則とする。次の場合は平仮名にする。
ア 文語文法の助詞と助動詞にあたるもの。
例 之→**の** 与→**と** 不→**ず** 也→**なり**
イ 再読文字で二度目に読む部分。
例 将→将に〜**す** 当→当に〜**べし**
④訓読しない漢字は書き下し文には表さない。

解説動画アイコン

▶ 出典
▶ 文法／訓読・句形・漢詩

奈良時代	平安時代	鎌倉時代	室町時代	江戸時代
700–800	800–1200	1200–1300	1300–1600	1600–1900

御伽草子（1500〜1600頃）

1 御伽草子《おとぎざうし》

文法 歴史的仮名遣い

歴史的仮名遣いの読み方

知・技	/14
思・判・表	/36
合計	/50

目標解答時間 20分

食用の竹の子で知られる中国原産の竹に、「孟宗竹《もうそうちく》」がある。幼くして父と死別し、老いた母を養う孟宗少年の話にちなんだ名であることが、次の話からわかる。

*孟宗《まうそう》は、いとけなくして（幼くして）母を養へり。母、年老いてつねに病《や》みいたはり［A］、*食の味はひも度《たび》ごとに変はりければ（その時々に変わったので）、①よしなきものを望めり。冬のことなるに、竹の子をほしく思へり。［B］すなはち、孟宗、竹林に行き、求むれども、雪深き折なれば、などかたやすく得《う》べき（どうして容易に入手できようか、いや、できるはずがない）。ひとへに*天道《てんたう》の御あはれみを頼み奉《たてまつ》るとて（ご慈悲をお頼み申し上げると言って）、②祈りをかけて、③大きに悲しみ、竹に寄り添ひけるところに、④にはかに大地《だいぢ》開《ひら》けて、竹の子あまた生《お》ひ出《い》で侍《はべ》りける。大きに喜び、すなはち取りて帰り（すぐに採って帰り）、*あつものに作り、母に与へ侍りければ、母、これを食して、そのまま病《やまひ》も癒《い》えて、齢《よはひ》を延《の》べたり。これ、ひとへに（もっぱら）孝行《かうかう》の深き心を感じて、⑤天道より与へ給《たま》へり。

*孟宗…中国の三国時代（二二〇～二六四年）における呉《ご》の国の少年の名。　*食の味はひ…食事の好み。　*天道…天の神様。　*あつもの…汁。吸い物。

本文の展開

空欄にあてはまる語句を本文中から抜き出せ。［1点×4］

起 孟宗少年は、年老いた病気の母を養っていた。

承 老母が、冬に①［　　］を食べたがったが、手に入らず天の神様に祈った。

転 すると、②［　　］が開いて、たくさんの竹の子が生えて出た。

結 吸い物にして老母に食べさせると、病気が治り、③［　　］が延びた。

作者の意見・感想 これは、天の神様が孟宗少年の④［　　］を感受されたのだ。

重要古語

傍線部A・Bの本文中の意味を、それぞれ選べ。［2点×2］

A
ア 苦しみ
イ 親切に世話をし
ウ あわれみをかけ
エ 治療をし

B
ア それなのに
イ そもそも
ウ つまり
エ そこで

A［　　］　B［　　］

問一 内容 傍線部①について、以下の内容から考えると、どういう意味か。適当なものを次から選べ。〔5点〕

ア 非常に高価なもの　イ 求めようもないもの

ウ とてもおいしいもの　エ 人工的に作れないもの

問二 文脈 傍線部②について、祈りの内容にあたる部分を抜き出し、初めと終わりの四字で答えよ。〔6点〕

〜

問三 理由 傍線部③のように、孟宗がたいそう悲しんだのはなぜか。適当なものを次から選べ。〔5点〕

ア 自分の力ではどうにもならないから。

イ 疲れて歩く力を失ってしまったから。

ウ 貧しくて食べるものがなかったから。

エ 頼りになる父がいなかったから。

問四 理由 傍線部④について、竹の子がたくさん生え出てきた理由を作者はどのように考えているか。該当する箇所を、十五字以内で抜き出せ。〔8点〕

問五 内容 傍線部⑤に、天の神様が孟宗に竹の子を与えたとあるが、そのことによって母はどのようになったか。十五字以内で答えよ。〔8点〕

文法の整理　歴史的仮名遣い

問題演習

1 次の語句を現代仮名遣いに直せ。〔1点×10〕

(1)語の中や末尾の「は・ひ・ふ・へ・ほ」は、「わ・い・う・え・お」と書く。ただし、語頭に「は・ひ・ふ・へ・ほ」を持つ語が、他の語の下について複合語となった場合を除く。例 初春→はつはる

① いほり（庵）　② よはひ（齢）

(2)「あう（あふ）」は「オー」と発音して「おう」と書き、「いう（いふ）」は「ユー」と発音して「ゆう」と書く。

③ かうかう（孝行）　④ しうか（秀歌）

(3)「えう（えふ）」は「ヨー」と発音して「よう」と書き、「おう（おふ）」は「オー」と発音して「おう」と書く。

⑤ けふ（今日）　⑥ そふ（添ふ）

(4)「ゐ・ゑ・を」「ぢ・づ」は、「い・え・お」「じ・ず」と書く。ただし、助詞の「を」は除く。

⑦ をり（折）　⑧ あぢ（味）

(5)「む」は「ン」と発音する場合があり、「ん」と書く。「くわ」「ぐわ」は「カ」「ガ」と発音して「か」「が」と書く。

⑨ なむぢ（汝）　⑩ ぐわん（願）

2 古今著聞集《ここんちょもんじふ》

文法 語句の省略

説話には、間抜けなもの、残虐なものなど、強盗の話がたくさんある。本文は、横行していた強盗にどのように対処するか、奇抜なことを考えた男の話である。

縫殿頭《ぬひどののかみ》*信安《のぶやす》*といふ者ありけり。世の中に強盗《がうだう》はやりたりけるころ、もしけ探*①さるることもぞあるとて、強盗をすべらかさん料に（ために）、日暮るれば、②家に管《くだ》といふ小竹のよを*多く散らし置きて、Aつとめては取りひそめけり（しまい納めていた）。ある夜、参り宮仕ひける（（信安が）奉公に参上していた）公卿《くぎやう》の家近く、焼亡《ぜうまう》（火事が）のありけるに、あわて惑《まど》ひて出づとて、その管の小竹にすべりて、まろびにけり（転んでしまった）。腰を打ち折りて、年寄りたる者にて、Bゆゆしくわづらひて、③日数経てぞからくしてよくなりにける。④いたく支度（用意が）のすぐれたるも、身に引きかづく（自分の身にひきかぶってあだになる）こそをかしけれ。

*縫殿頭…中務省《なかつかさ》に属し、裁縫のことなどを司《つかさど》る縫殿寮の長官。
*信安…左衛門尉《さえもんのじょう》藤原信安か。
*け探さるる…家捜《やさが》しされる。
*小竹のよ…小竹の、節《ふし》と節との間で短く切った竹片。

本文の展開 空欄にあてはまる語句を本文中から抜き出せ。［1点×4］

前半 縫殿頭信安が、[①]の横行していたころ、その対策として、夜には家に[②]の管をたくさん散らして置いた。

後半 ある夜、奉公先近くで火事があり、信安は慌てて家を出ようとして、小竹の管で転倒し、[③]を折って長く患った。

編者の評 [④]がよすぎて、それがあだとなったのはおもしろい。

重要古語 傍線部A・Bの本文中の意味を、それぞれ選べ。［2点×2］

A
ア その計画
イ 当然として
ウ できるだけ
エ その翌朝

B
ア ひどく
イ 不吉に
ウ 軽はずみに
エ ちょっと

知・技 /14
思・判・表 /36
合計 /50
目標解答時間 20分

問一 内容 傍線部①には、信安のどのような心情が表れているか。適当なものを次から選べ。〔5点〕

ア 迷い　**イ** 確信　**ウ** 期待　**エ** 気がかり

問二 理由 傍線部②のように、信安が家に小竹の管をたくさんまき散らして置いたのは何のためか。十五字以内で説明せよ。〔7点〕

問三 口語訳 傍線部③を二十字以内で口語訳せよ。〔7点〕

問四 内容 傍線部④について、「身に引きかづく」とは具体的にどのようなことをさしているか。該当する箇所を、二十字以内で抜き出せ。〔7点〕

問五 主題 この話の内容に最も近いことわざを次から選べ。〔6点〕

ア 過ぎたるはなお及ばざるがごとし
イ 二兎《にと》を追う者は一兎をも得ず
ウ 泥棒を見て縄をなう
エ 備えあれば憂いなし

文法の整理　語句の省略

古文では、現代文と異なり、主語を表す助詞「が」や目的語を表す助詞「を」、さらには主語や目的語そのもの、修飾される体言（名詞）などが明示されていない文が多い。場面・内容を理解するために、省略された語句を読み取ることが古文読解のポイントの一つである。

竹の子（**が**）〔助詞の省略〕あまた生ひ出で侍りける。（**孟宗は**）〔主語の省略〕大きに喜び、すなはち（**竹の子を**）〔目的語の省略〕取りて帰り、（4ページ・6行）

問題演習

1 傍線部の次に省略されている助詞を答えよ。〔2点〕

縫殿頭信安といふ者ありけり。（1行）

2 傍線部の前に省略されている主語を答えよ。〔2点〕

もしけ探さるることもぞあるとて、（1行）

3 傍線部の次に省略されている体言を答えよ。〔2点×2〕

(1) 参り宮仕ひける公卿の家近く、焼亡のありけるに、（4行）

(2) いたく支度のすぐれたるも、身に引きかづくこそをかしけれ。（7行）

4 傍線部の前に省略されている目的語を答えよ。〔2点〕

あわて惑ひて出づとて、（4行）

3 徒然草《つれづれぐさ》

文法 連体詞・副詞

作者の兼好法師の時代、神仏参詣を除いては都の外に出るのはまれであった。したがって、自宅を離れてちょっとした「旅」に出るだけで気分が新たになり、新しい世界が開かれていたのである。

いづくにもあれ、しばし旅だちたるこそ、目さむる心地すれ。*そのわたり、①ここかしこ見ありき、田舎《ゐなか》びたる所、山里などは、いと目慣れぬことのみぞ多かる。都へとAたより求めて文やる、そのことかのこと、*便宜に、忘るなど言ひやるこそをかしけれ。②さやうの所にてこそ、③よろづに心づかひせらるれ。持てる*調度まで、よきはよく、*能ある人、Bかたちよき人も、常よりはをかしとこそ見ゆれ。寺・社《やしろ》などに、しのびてこもりたるもをかし。

いづくにもあれ…どこでもよい
目さむる心地すれ…目のさめる思いがするものだ
いと目慣れぬことのみぞ多かる…とても見慣れないことばかりが多い
をかしけれ…おもしろいものだ
よろづに心づかひせらるれ…何かにつけて自然と気をつかうものだ
よきはよく…よいものはよく(見え)
しのびて…人に知られないように

*そのわたり…泊まっている家のあたり。
*便宜…よい機会。都合のよいとき。
*調度…身の回りの道具。
*能…芸。

本文の展開

空欄にあてはまる語句を本文中から抜き出せ。［1点×4］

総括 第一文…旅先における新鮮な感興。

根拠 第二文…田舎びたる所・①［　　］などの風景の珍しさ。

第三文…留守宅への②［　　］。

第四文…心配りがなされるおもしろさ。

第五文…③［　　］・才芸・容貌《ようぼう》も、ふだんと違った趣に感じる。

第六文…④［　　］への参籠《さんろう》の興趣。

重要古語

傍線部A・Bの本文中の意味を、それぞれ選べ。［2点×2］

A
ア 手紙
イ 他人
ウ 好便
エ 宛て

B
ア 形式
イ 容貌
ウ 頭脳
エ 人格

A［　　］ B［　　］

知・技 /16
思・判・表 /34
合計 /50
目標解答時間 20分

問一 口語訳 傍線部①を口語訳せよ。 〔6点〕

問二 内容 傍線部②はどのような所か。本文中から十二字以内で抜き出せ。 〔6点〕

問三 文脈 傍線部③はどのようなことを言おうとしているのか。適当なものを次から選べ。 〔6点〕

ア 人の心はおもしろいものだよ。
イ 人の心は煩わしいものだよ。
ウ 人の心はつまらぬものだよ。
エ 人の心はどうしようもないものだよ。

問四 文脈 本文中に手紙文がある。二十字以内で抜き出せ。 〔5点〕

問五 主題 この文章は、どのようなことを述べようとしたものか。適当なものを次から選べ。 〔7点〕

ア 旅に出るのは楽しいことだが、わが家のことが気にかかるものだ。
イ 旅は、美人やさまざまな芸人と出くわすことが多い。
ウ 旅に出ることは新鮮な物事との出会いでもある。
エ 旅は、人生の奥義を極めるのに格好の場である。

文法の整理 連体詞・副詞

●連体詞…自立語で活用がなく、すぐ下の体言を修飾する。
あるとき・ありつる家・さしたること

●副　詞…自立語で活用がなく、主として用言を修飾する。
かく・さ・すでに・ふと・ほのぼのと……………状態の副詞
いと・いとど・少し・ただ・やうやう……………程度の副詞
いかで・たとひ・つゆ・ゆめゆめ…………………呼応の副詞

問題演習

1 次の各文から連体詞を抜き出せ。 〔2点×2〕

(1) ある人、弓射ることを習ふに、諸矢《もろや》をたばさみて、（徒然草）

(2) さる時よりなむ、よばひとは言ひける。（竹取物語）

2 次の各文から副詞を抜き出せ。 〔2点×4〕

(1) この児《ちご》さめざめと泣きけるを見て、（宇治拾遺物語）

(2) やうやう白くなりゆく、山際《やまぎは》少し明かりて、（枕草子）

(3) いかでこのかぐや姫を、得てしがな、（竹取物語）

奈良時代　平安時代　鎌倉時代　室町時代　江戸時代
700　800　900　1000　1100　1200　1300　1400　1500　1600　1700　1800　1900
十訓抄

4 十訓抄《じっきんせう》

西行法師は出家する前は北面《ほくめん》の武士（院の御所を警固する武士）だった。ある日、同僚たちと弓を射て遊ぶが、実は西行は遊んでいる場合ではない状況にあった。

*西行法師、男《をとこ》なりけるとき（出家していなかったとき）、Aかなしくしける女《むすめ》の、三《みっ》、四《よっ》ばかりなりけるが、重くわづらひて限りなりける（病気が重くて危篤だった）ころ、*院《ゐん》の北面の者ども、弓射て遊び合へりけるに、いざなはれて（誘われて）、①心ならずのBのしり暮らしけるに、郎等男《らうどうをのこ》の走りて（従者の男が走って来て）、耳にものをささやきければ（何事かをささやいたところ）、②心知らぬ人は何《なに》とも思ひ入れず（何とも気にかけない）。*西住法師《さいぢゅう》、いまだ男にて（まだ出家する前で）、源兵衛尉《げんひやうゑのじよう》とてありけるに（であったが）、目を見合はせて、③「このことこそすでに。」とうち言ひて、④人にも知らせず、さりげなく（何事もなかった様子で）、いささかのけしきも変はらでゐたりし（少しも顔つきも変わらないでいたことは）、ありがたき心なりとぞ（めったにない心ばえだと）、西住、のちに人に語りける。

*西行法師…平安後期の歌人。出家する前は佐藤義清《さとうのりきよ》という名で、鳥羽《とば》上皇に北面の武士として仕えた。
*院…上皇の御所。
*西住法師…平安後期の歌人。出家する前は源季政《すえまさ》と名のった。

文法　接続詞・感動詞

本文の展開

空欄にあてはまる語句を本文中から抜き出せ。［1点×4］

発端 西行が出家前、娘の病気が重いころに、①［　　］の武士たちに誘われて心ならずも一緒に②［　　］遊びをしていた。

展開 ③［　　］が走って来て、西行に耳うちした。

結末 ④［　　］と目を合わせた西行は、娘が亡くなったことだけ言って、顔色一つ変えなかった。

主題 西行は、類まれな堅忍の人である。

重要古語

傍線部A・Bの本文中の意味を、それぞれ選べ。［2点×2］

A
ア 心配し
イ いたずらをし
ウ かわいがり
エ よく泣き
［　　］

B
ア 悪く言い
イ わいわい騒ぎ
ウ 競争し合い
エ 危ないことをし
［　　］

知・技　/15
思・判・表　/35
合計　/50
目標解答時間　20分

問一 理由 傍線部①について、西行が気乗りしなかったのはなぜか。その理由を二十字以内で説明せよ。［6点］

問二 文脈 傍線部②は誰をさすか。適当なものを次から選べ。［5点］

ア 西行法師　**イ** 院の北面の者ども

ウ 郎等男　**エ** 西住法師

問三 文脈 傍線部③は西行の娘がどうなったことを意味するか。十字以内で答えよ。［6点］

問四 理由 傍線部④のように西行がふるまったのはなぜか。適当なものを次から選べ。［7点］

ア その場の雰囲気を壊さないようにするため。

イ 思いがけないことで気が動転していたため。

ウ 人に知られることをひどく恥じたため。

エ 身に覚えがなく気にすることでもなかったため。

問五 主題 この話は、ある教訓を語るための例として出されたものである。その教訓として適当なものを次から選べ。［7点］

ア 風流な心を持つべきであること。

イ 武人として武芸に心を打ち込むべきであること。

ウ 耐え忍ぶべきであること。

エ 友人を選ぶべきであること。

文法の整理　接続詞・感動詞

問題演習

1 自立語で活用がなく、前後をつなぐ言葉を接続詞という。接続詞を分類した次の表の空欄に入る語を、後のア〜キから選べ。［1点×7］

条件接続	順接	かくて・さらば・［1］
	［2］	されど・さるを・しかるに
対等接続	［3］・添加	および・ならびに・かつ・また
	選択・対比	あるいは・［4］・または
	同格・言い換え	［5］・たとへば
その他の接続	［6］	ただし・また
	話題転換	［7］・そもそも

ア 並列　**イ** 補足　**ウ** 逆接　**エ** すなはち

オ されば　**カ** さて　**キ** あるは

2 自立語で活用がなく、感動などを表す言葉を感動詞という。感動詞を分類した次の表の空欄に入る語を、後のア〜エから選べ。［1点×4］

感動	ああ・あつぱれ・あな・［1］・あはや・あら
［2］	いかに・［3］・いざや・いで・これ・なう・や
［4］	いさ・いさや・いな・いや・えい・おう・しかしか

ア 呼びかけ　**イ** 応答　**ウ** あはれ　**エ** いざ

奈良時代	平安時代	鎌倉時代	室町時代	江戸時代
700 800	900 1000 1100 1200	1300	1400 1500 1600	1700 1800 1900

花月草紙（江戸時代）

5 花月草紙《くわげつさうし》

兼好法師は『徒然草』の中で、世間に順応しようとする人は物事を行うのに最適な時機「機嫌」を知らねばならないと教えている。『花月草紙』の作者松平定信《まつだいらさだのぶ》も、潮時・好機の大切さを述べている。

ものを引き延ばいて（先延ばしして）、時失ふ者ありけり（（ことが成就する）好機を逃す者がいた）。人の早苗*植うるころ、種ほどこしてけり（種をまいた）。A葉月のころ、早稲*《わせ》の穂の出でたるに嵐*《あらし》吹きてければ、「花散りぬ（花がきっと散ってしまう）。」と嘆くを、あまりにもの急ぎし給へばこそあれ（物事を急いでなさるからである）。わが稲はこのごろ植ゑにしかば、①嵐のわざはひにもあひ侍らずと、②人にたかぶりけり。人の刈り収むる（人が（稲を）収穫する）ころ、少しばかり穂の見えたるが、Bはや霜の置きてければ（霜がおりたので）、みな枯れぬ。「今年はいと早う霜の置きしなり。」とて、③年をのみつみして、④いまだ悟らざりしとなり。

*早苗…苗代《なわしろ》から田に移し植えるころの稲の苗。
*早稲…早い時期に実る品種の稲。
*嵐…激しい風。

文法 四段活用

〈見分け方〉四段活用

知・技	/12
思・判・表	/38
合計	/50

目標解答時間 20分

本文の展開 空欄にあてはまる語句を本文中から抜き出せ。【1点×4】

総括 先延ばしして、［①　　］を逸した者がいる。

具体論 他の人が［②　　］を植えるころに種をまき、強い風の災難にあわずにすんだと誇っていたが、穂が出たころに［③　　］でみな枯れてしまった。その人は、今年は霜が早くおりたのだと、［④　　］だけのせいにして、ことの本質を悟っていなかった。

重要古語 傍線部A・Bの本文中の意味を、それぞれ選べ。【2点×2】

A
ア 陰暦の六月
イ 陰暦の七月
ウ 陰暦の八月
エ 陰暦の九月
［　　］

B
ア 急いで
イ 早くも
ウ 実は
エ なんとまあ
［　　］

問一 文脈 本文中に、会話の箇所がもう一箇所ある。どこからどこまでか。初めと終わりの四字で答えよ。［6点］

〜

問二 内容 傍線部①について、具体的にはどのような「わざはひ」か。二十字以内で説明せよ。［8点］

問三 内容 傍線部②について、どのような心情を表したものか。適当なものを次から選べ。［6点］

ア 感動　**イ** 自慢　**ウ** 皮肉　**エ** 悲しみ

問四 内容 傍線部③は、どういうことか。適当なものを次から選べ。［6点］

ア 今年は時候がよくなかったからだと、時候だけのせいにすること。

イ この一年の経験を積んだから、来年はうまくやろうと考えること。

ウ 年月が早くたつので、その早さが悪いのだということ。

エ 何もせず積み重ねてしまった自分の年齢を恨むこと。

問五 主題 傍線部④について、何を悟らなかったのか。該当する箇所を、十五字以内で抜き出せ。［8点］

文法の整理　四段活用

五十音図の五つの段のうち、語尾がア・イ・ウ・エの四段に活用する動詞を、四段活用動詞という。

◆**四段活用の活用**

基本形	語幹	活用語尾 未然形	連用形	終止形	連体形	已然形	命令形	活用する行
行《い》く	い	か	き	く	く	け	け	カ行
言《い》ふ								
知《し》る								

問題演習

1 傍線部の動詞の基本形（終止形）を答えよ。［1点×4］

(1) 言ふに足らず、①願ふに②足らず。（徒然草）

(2) 東《あづま》の方《かた》に③住むべき国求めにとて④行きけり。（伊勢物語）

① 　② 　③ 　④

2 傍線部の動詞の活用形を答えよ。［1点×4］

(1) 賢を①願ふ人のために②言はば、（徒然草）

(2) ③学びて④知るは、まことの智にあらず。（徒然草）

① 　② 　③ 　④

6 伊《い》曽《そ》保《ほ》物語

文法 上一段活用・上二段活用 ▶ 〈見分け方〉上一段活用

知・技	/15
思・判・表	/35
合計	/50

目標解答時間 20分

奈良時代 | 平安時代 | 鎌倉時代 | 室町時代 | 江戸時代（伊曽保物語）
700 800 900 1000 1100 1200 1300 1400 1500 1600 1700 1800 1900

相手の心をうまく引きつけるようなうまい言葉、巧みに飾った口先だけの言葉を、「甘言《かんげん》」「巧言《こうげん》」という。狐《きつね》が巧言を弄して烏《からす》のごちそうを横取りした経緯を把握し、教訓を読み取ろう。

あるとき、狐、餌食《えじき》を求めかねて（食べ物を探し求めることができなくて）、ここかしこさまよふところに、烏、*肉《ししむら》をくはへて木の上に居《を》れり（とまっていた）。狐、心に思ふやう、我この肉を取らまほしく（横取りしたいと）おぼえて、烏の居《ゐ》ける木のもとに立ち寄り、「Aいかに*御辺《ごへん》、御身《おんみ》はよろづの鳥の中に（あなたはあらゆる鳥の中で）すぐれてうつくしく見えさせおはします（お見えでいらっしゃる）。Bしかりといへども、①少しこと足り給はぬことは、御声の鼻声にこそ侍れ。ただし、このほど*世上《せじやう》に申せしは（このごろ世間で申していたことは）、御声もことのほかよくわたらせ給ふなど（格別にすばらしくていらっしゃるなどと）申してこそ候へ。②あはれ一節《ひとふし》聞かまほしうこそ侍れ。」と申しければ、烏、この儀をげにとや心得て（このことを本当かと思い込んで）、「③さらば声を出ださん。」とて、口をはたけける（開けたとたんに）ひまに、つひに肉を落としぬ。狐これを取つて逃げ去りぬ。

*肉…肉のかたまり。「ししむら」の「むら」は群れの意。
*世上…世の中。世間。
*御辺…「あなた・貴殿」の意を表す対称の人称代名詞。

本文の展開

空欄にあてはまる語句を本文中から抜き出せ。［1点×4］

起 狐が食べ物を探してさまようところに、烏が①［　　］をくわえて木の上にとまっていた。

承 狐が烏に、「あなたは鳥の中で最も美しいが、このごろ世間で格別に美しいとほめる②［　　］をちょっと聞きたい。」と言った。

転 烏は本当かと思い、③［　　］を開けたとたんに肉を落とした。

結 ④［　　］はそれを取って逃げた。

重要古語

傍線部A・Bの本文中の意味を、それぞれ選べ。［2点×2］

A
ア どうして
イ どのように
ウ もしもし
エ なんとも
［　　］

B
ア とがめる
イ そうだが
ウ そうである
エ もっともである
［　　］

問一 内容 傍線部①は、どういうことか。その内容を具体的に述べている箇所を、十字以内で抜き出せ。 〔5点〕

問二 口語訳 傍線部②を十五字以内で口語訳せよ。 〔8点〕

問三 理由 烏が傍線部③のような気持ちになったのは、どの言葉がきっかけとなっているか。適当なものを次から選べ。 〔5点〕

ア 御身はよろづの鳥の中にすぐれてうつくしく見えさせおはします。

イ 御声の鼻声にこそ侍れ。

ウ このほど世上に申せしは、御声もことのほかよくわたらせ給ふなど申してこそ候へ。

エ あはれ一節聞かまほしうこそ侍れ。

問四 内容 狐は烏のくわえた肉をなんとかして横取りしたいと一計を案じ、烏に巧みに語りかけている。狐は烏がどのような動作・行動をすることをもくろんでいるか。その動作・行動を五字以内で答えよ。 〔6点〕

問五 主題 この話の教訓として適当なものを次から選べ。 〔7点〕

ア 人のものを力ずくで奪ってはいけない。

イ 人にほめられて、いい気になってはいけない。

ウ 人をうらやんで、高望みしてはいけない。

エ 人の評判を気にして、自分を見失ってはいけない。

文法の整理 上一段活用・上二段活用

語尾がイ段の一段のみに活用する動詞を上一段活用といい、イ段・ウ段の二段に活用する動詞を上二段活用という。

「尽きず」「閉ぢて」のように、「ず」「て」をつけてイ段となる動詞は、頻出する上一段活用動詞「着る・煮る・似る・干《ひ》る・みる（見る・試《こころ》みる）・射る・居《ゐ》る・率《ゐ》る・用ゐる・率《ひき》ゐる」以外は、上二段活用動詞の場合が多い。

◆上一段活用・上二段活用の活用

基本形	語幹	未然形	連用形	終止形	連体形	已然形	命令形	活用の種類
着《き》る	（き）	き	き	きる	きる	きれ	きよ	カ行上一段活用
尽《つ》く	つ	き	き	く	くる	くれ	きよ	カ行上二段活用

問題演習

1 傍線部の動詞の活用の種類を答えよ。 〔2点×4〕

(1) 日数《ひかず》の早く過ぐる①ほどぞ、ものにも似②ぬ。 （徒然草）

(2) 去年《こぞ》を恋ひ③て行きて、立ちて見、居④て見、 （伊勢物語）

①　②　③　④

2 次の(1)～(3)の動詞の已然形を答えよ。 〔1点×3〕

(1) 落つ　(2) 射る　(3) 恥づ

(1)　(2)　(3)

古今著聞集

文法 下一段活用・下二段活用

（見分け方）下一段活用

知・技	思・判・表	合計
/14	/36	/50

目標解答時間 20分

奈良時代 平安時代 鎌倉時代 室町時代 江戸時代
700 800 900 1000 1100 1200 1300 1400 1500 1600 1700 1800 1900
古今著聞集

太郎入道という僧は、出家前よく猿を射ていたが、ある日山で大猿を射た後、猿を射るのをやめてしまったという。その日の狩りでいったい何があったのだろうか。

＊豊前《ぶぜん》の国の住人＊太郎入道といふ者ありけり。男《をとこ》なりけるとき（出家していなかったとき）、常に猿を射けり。ある日山をア過ぐるに、大猿ありければ、木にイ追ひ登せて（追い登らせて）射たりけるほどに、あやまたず（はずすことなく）、＊かせぎに射てけり。①すでに木より落ちんとしけるが、何とやらん（何であろうか）、②物を木のまたに置くやうにするをウ見れば、子猿なりけり。おのが傷をエ負ひて＊土（地上）に落ちんとすれば（に落ちようとするので）、子猿を負ひたるを助けんとて（助けようとして）、木のまたにAすゑんとしけるなり。子猿はまた、母につきて離れじとしけり（離れまいとした）。③かくたびたびすれども、Bなほ子猿つきければ（すがりついたので）、もろともに地に落ちにけり。それより長く、④猿を射ることをばとどめてけり（やめてしまった）。

＊豊前の国…現在の福岡県と大分県の一部。
＊太郎入道…伝未詳。
＊かせぎ…木のまた。
＊土…地上。地面。

本文の展開

空欄にあてはまる語句を本文中から抜き出せ。［1点×4］

事件発生前の状況 太郎入道は、出家する以前、常に ① □ を射ていた。

事件の発生 ある日、山で大猿を木に追い登らせて射た。

事件の展開 落ちようとする大猿は、子猿を木の ② □ に置こうとした。

話の最高潮 母猿は子猿を助けようとするが、母子とも ③ □ に落ちた。

事件の結末 この事件があってから、太郎入道は ④ □ を射るのをやめた。

重要古語

傍線部A・Bの本文中の意味を、それぞれ選べ。［2点×2］

A
ア 置く
イ 動く
ウ 縛りつける
エ とりつく

B
ア なんといっても
イ やはり
ウ 急に
エ ただし

A □　B □

問一 文脈 二重傍線部ア～エの中から、主語が異なるものを選び、記号で答えよ。 [5点]

問二 口語訳 傍線部①を口語訳せよ。 [7点]

問三 理由 傍線部②の理由にあたる箇所を、十二字以内で抜き出せ。 [7点]

問四 文脈 傍線部③は具体的にどうしたというのか。適当なものを次から選べ。 [6点]

ア 母猿がしがみつく子猿を何度も木のまたに置こうとした。
イ 子猿が母猿から離れまいとして何度もしがみつこうとした。
ウ 母猿と子猿が落ちまいとして何度も木につかまろうとした。
エ 太郎入道が弓で何度も射落とそうとした。

問五 理由 傍線部④の理由として適当なものを次から選べ。 [7点]

ア 自分の罪深い行為におののき、猿の母子の仕返しを恐れたから。
イ 猿の母子の争いを見て、自分の行為の醜さを反省したから。
ウ 注意を怠ると、猿も木から落ちるということを自覚したから。
エ 猿の母子の愛情に胸を打たれ、罪の深さを悟ったから。

文法の整理 下一段活用・下二段活用

語尾がエ段の一段のみに活用する動詞を下一段活用といい、ウ段・エ段の二段に活用する動詞を下二段活用という。

「明けず」「捨てて」のように、「ず」「て」をつけてエ段となる動詞は、下一段活用動詞「蹴《け》る」以外は下二段活用動詞である。すべての動詞の中でア行に活用するのは下二段活用の「得《う》」のみで、「射る」(上一)「老いて」(上二)「消えて」(下二)はヤ行、「植う」(下二)はワ行に活用する。

◆下一段活用・下二段活用の活用

基本形	語幹	活用語尾 未然形	連用形	終止形	連体形	已然形	命令形	活用の種類
蹴《け》る	(け)	け	け	ける	ける	けれ	けよ	カ行下一段活用
受《う》く	う	け	け	く	くる	くれ	けよ	カ行下二段活用

問題演習

1 次の文から下一段動詞を抜き出せ。 [2点]

典薬助《てんやくのすけ》は、蹴られたりしを病《やまひ》にて死にけり。(落窪物語)

2 次の文から下二段動詞を終止形で抜き出せ。 [2点×4]

(1) 年月へても、つゆ忘るるにはあらねど、(徒然草)

(2) かかることは、文にも見えず、伝へたる教へもなし。(徒然草)

8 北辺随筆《きたのべ》

文法 カ行変格活用・サ行変格活用

奈良時代 | 平安時代 | 鎌倉時代 | 室町時代 | 江戸時代（北辺随筆）
700 800 900 1000 1100 1200 1300 1400 1500 1600 1700 1800 1900

作者富士谷御杖《ふじたにみつえ》は、言語や語法についての考証にすぐれた業績のある国学者で、その随筆にも鋭い洞察と進歩的な見解が見られる。箱の製作の話を聞いて、作者はどのようなことを考えたであろうか。

ある人の語りき。箱など作るに、おほよそ堅《かた》き木は、やはらかなる糊《のり》ならでは①よくつかず、やはらかなる木は、堅き糊してつけざればよくつかずとぞ。②世のことわりは、*凡庸《ぼんよう》の思ふには、必ずたがふところあること、いと多かるべし。おのれらがAはかなき上は、③とてもかくてもありぬべし。天《あめ》の下《した》を*まつりごち、国を治め給ふきはBは、おほかたのことわりはことわりにて、④かかる真理を悟りて、⑤ことはかりし給はば、ことは少なくて、*功は大なるべし。

ある人が（次のように）語った　一般に　糊でなければ　世の　中の（実際の）道理は　凡人の考えているものとは　きっと違っている　我々のような　一般の道理は道理として　（する）ことは少なくて

*凡庸…凡人。一般の人間。「庸」は「常《つね》」と同じで、「なみ・普通」の意。　*まつりごち…政治を行い。四段活用動詞「まつりごつ」の連用形。　*功…功績。ここは政治上の功績のこと。

本文の展開　空欄にあてはまる語句を本文中から抜き出せ。［1点×4］

序論　ある人が言った。箱などを製作する場合、[①]木にはやはらかなる糊を用いて接着し、[②]木には堅き糊を用いて接着するのがよい。

本論　このように、世の道理は[③]が表面的に見て思うものとは違っている点が多い。

結論　政治家は、この深い真理を悟って政治を行ったなら、政治上の[④]は大いに上がるだろう。

重要古語　傍線部A・Bの本文中の意味を、それぞれ選べ。［2点×2］

A
ア 実現性の少ない
イ 身分の低い
ウ 弱々しい
エ とりとめない

B
ア 場合
イ 程度
ウ 極限
エ 身分の人

知・技 /14
思・判・表 /36
合計 /50
目標解答時間 20分

問一 内容 傍線部②に、「実際の道理と凡人の考えは違う」とあるが、凡人は傍線部①についてどのように考えているというのか。二十字以内で説明せよ。 〔6点〕

問二 口語訳 傍線部③の意味として適当なものを次から選べ。 〔5点〕

ア どちらがよいか　イ どうであっても構わないだろう
ウ どうなったのか　エ どうにかしなければならない

問三 内容 傍線部④は、どのような真理か。適当なものを次から選べ。 〔5点〕

ア 道理というものは凡人の考えとは全く違った形で現れるということ。
イ 国の政治には凡人の考える道理が大事であるということ。
ウ 堅い木は、やわらかい糊でなければつかないということ。
エ やわらかい木は、堅い糊でなければつかないということ。

問四 内容 傍線部⑤は、具体的にどのような意味か。同じ意味を表す語を二つ、本文中から抜き出せ。 〔5点×2〕

問五 主題 この文章の主題として適当なものを次から選べ。 〔6点〕

ア 箱の製作のような一見簡単そうに見えるものにも深い道理がある。
イ 木と糊の関係のように、政治家は人々と堅く接しなければならない。
ウ 政治家は物事の奥深い道理までわきまえて対処しなければならない。
エ 一般の人の多くは、知ったかぶりをして物事の道理を見誤ってしまうものである。

文法の整理　カ行変格活用・サ行変格活用

語尾がカ行のキ・ク・コの三音に活用する動詞を、カ行変格活用動詞（カ変）という。「来《く》」の一語だが、「出で来」「まうで来」「持て来」のような複合動詞に注意する。命令形は一般に「こ」だが、「こよ」もある。

語尾がサ行のシ・ス・セの三音に活用する動詞を、サ行変格活用動詞（サ変）という。「す」「おはす」の二語だが、「具す」「心地す」のような複合動詞に注意する。また「論ず」「感ず」などは活用語尾がザ行音となるが、サ変動詞である。

◆カ行変格活用・サ行変格活用の活用

基本形	語幹	未然形	連用形	終止形	連体形	已然形	命令形	活用の種類
来《く》	（く）	こ	き	く	くる	くれ	こ（こよ）	カ行変格活用
す	（す）	せ	し	す	する	すれ	せよ	サ行変格活用
論《ろん》ず	論	ぜ	じ	ず	ずる	ずれ	ぜよ	サ行変格活用

問題演習

1 傍線部のカ変動詞の読みを書け。 〔2点×3〕

(1) 春よ、来。　(2) 夏は来にけり。　(3) ある人、来。

(1)　(2)　(3)

2 サ変動詞を二つ選び、已然形に直して答えよ。 〔2点×2〕

隠す　混ず　具す　失す　念ず

9 おらが春

文法 ナ行変格活用・ラ行変格活用

奈良時代｜平安時代｜鎌倉時代｜室町時代｜江戸時代（おらが春）
700　800　900　1000　1100　1200　1300　1400　1500　1600　1700　1800　1900

作者の一茶《いっさ》は継母との不和のため、十五歳で江戸に出て俳諧を学び、以後各地を放浪している。次の文章は、大和《やまと》の国の立田《たった》村の石地蔵にまつわる話に感動し、藪《やぶ》の仏に一句捧げたときのものである。

昔、大和*の国立田村に、むくつけき[A]女ありて、継子《ままこ》の咽《のど》を十日ほどほしてより*（継子に十日ばかり食物を与えずにおいてから）、飯《めし》を一椀《ひとわん》見せびらかして言ふやう、これをあの石地蔵*の食べたらんには[①]、汝《なんぢ》にも取らせんとあるに[②]（おまえにもやろう）、継子はひだるさ[B]堪《た》へがたく、石仏《いしぼとけ》の袖《そで》にすがりて、しかじか願ひけるに[③]、不思議やな、石仏大口あけてむしむし食ひ給ふに（むしゃむしゃとお食べになるので）、さすがの継母[④]の角《つの》もぽつきり折れて、それよりわが生める子と隔てなく育《はぐく》みけると[⑤]（同じように育てたということである）なん。その地蔵菩薩《ぼさち》今にありて（今でもあって）、折々の供物*絶えざりけり（絶えなかったということである）。

ぼたもち［A］藪の仏も［B］の風　　一茶
（藪の中の石仏にはぼたもちが供えられ、［　］の風が吹いていることだよ）

*大和の国…今の奈良県。
*ほしてより…（食物を）与えずにおいてから。
*石地蔵…石で作った地蔵菩薩《ぼさつ》。
*供物…神仏に供えるお供え物。

本文の展開

空欄にあてはまる語句を本文中から抜き出せ。［1点×4］

発端 昔、大和の国の立田村に［①　　］女がいた。

展開 継子に十日ばかり食物を与えないで、［②　　］が食べたらやろうと言う。

結末 継子が石仏の袖にすがって願うと、石仏が食べたので、継母の［③　　］も折れ、以後、自分の生んだ子と同じように育てたという。

総括 そこで、折々の［④　　］も絶えない藪の仏に一句をよんで捧げた。

重要古語

傍線部A・Bの本文中の意味を、それぞれ選べ。［2点×2］

A
ア 恐ろしい
イ 醜い
ウ みすぼらしい
エ 貧しい

B
ア 悲しさ
イ 意地悪さ
ウ つらさ
エ ひもじさ

A［　　］　B［　　］

知・技　/20
思・判・表　/30
合計　/50
目標解答時間　20分

問一 文法 傍線部①の意味として適当なものを次から選べ。［4点］

ア 食べないにちがいないから　イ 食べるであろうから、そのときに
ウ 食べてもしかたがないから　エ 食べたら、そのときに

問二 文脈 傍線部②・⑤の受ける内容は、どこから始まるか。それぞれ初めの九字で答えよ。［4点×2］

②
⑤

問三 内容 傍線部③は、どのようなことを願ったのか。その願いの言葉を、十五字以内の会話体で簡潔に答えよ。［7点］

問四 内容 傍線部④は、何をたとえたものか。適当なものを次から選べ。［5点］

ア 人のことは構わない継母の冷淡な考え
イ 意地悪で恐ろしい継母の心
ウ 自分のあやまちを認めない強情な継母の態度
エ 攻撃的で人の心を傷つける継母の行動

問五 表現 ぼたもちが供えられた石仏をよんだ句の空欄A・Bには、どのような語が入るか。適当なものをそれぞれ次から選べ。［3点×2］

A **ア** の　**イ** に　**ウ** や　**エ** を
B **ア** 春　**イ** 夏　**ウ** 秋　**エ** 冬

A
B

文法の整理　ナ行変格活用・ラ行変格活用

語尾がナ行のナ・ニ・ヌ・ネの四音に活用する動詞を、ナ行変格活用動詞（ナ変）という。「死ぬ」「往《い》（去）ぬ」の二語である。ナ行四段活用と誤りやすいので注意する。

語尾がラ行のラ・リ・ル・レの四音に活用し、基本形がイ段の音「り」になる動詞を、ラ行変格活用動詞（ラ変）という。「あり」「居《を》り」「侍り」「いまそ（す）かり」の四語しかないが、「さり」「しかり」「かかり」のような複合動詞に注意する。

◆ナ行変格活用・ラ行変格活用の活用

基本形	語幹	未然形	連用形	終止形	連体形	已然形	命令形	活用の種類
死《し》ぬ	し	な	に	ぬ	ぬる	ぬれ	ね	ナ行変格活用
あり	あ	ら	り	り	る	れ	れ	ラ行変格活用

（未然形〜命令形：活用語尾）

問題演習

1 傍線部を、解答欄の形式で文法的に説明せよ。［1点×12］

(1) 馬にはかにたふれて死にけり。（俊頼髄脳）
①　変格活用動詞「②」の③形

(2) 妹《いも》がいぬれば（万葉集）
④　変格活用動詞「⑤」の⑥形

(3) 何の悔《く》いか侍らむ。（源氏物語）
⑦　変格活用動詞「⑧」の⑨形

(4) 富める家の隣にをる者は、（方丈記）
⑩　変格活用動詞「⑪」の⑫形

10 今昔物語集《こんじゃく》

思い切って物事を行うたとえとして「清水《きよみず》の舞台から飛び下りる」という言葉があるように、清水寺《きよみずでら》の礼堂《らいどう》は崖《がけ》に張り出した造りになっている。その舞台から子供を落としてしまった女性の話である。

今は昔、［A］清水*に参りたりける女の、［B］幼き子を抱《いだ》きて御堂《みだう》の前の谷をのぞき立ちけるが、［C］児《ちご》を取り落として谷に落とし入れてけり。①はるかに振り落とさるるを見て、すべきやうもなくて（どうすることもできなくて）、御堂の方《かた》に向かひて、手をすりて、「観音助け給へ。」となむ惑ひける（悲嘆にくれた）。今はなき者と思ひけれども、ありさまをも見む（様子だけでも見よう）と思ひて、惑ひ下《お》りて見ければ（慌てて下りて見たところ）、観音のAいとほしとおぼしめしけるにこそは（お思いになったのであろう）、つゆきずもなくて、谷の底の木の葉の多く落ち積もれる上に落ちかかりてなむ臥《ふ》したりける（倒れていた）。母喜びながら抱き取りて、いよいよ（ますます）観音を泣く泣く*礼拝《らいはい》し奉《たてまつ》りけり（礼拝し申し上げた）。これを見る人、みなBあさましがりてののしりけり。②

*清水…今の京都市東山区にある清水寺のこと。礼堂は崖に張り出した舞台造りで有名。
*礼拝…両膝・両肘を地につけ、頭を下げ合掌して仏を拝むこと。

本文の展開

空欄にあてはまる語句を本文中から抜き出せ。［1点×4］

発端 清水寺に参詣した女が①［　　］の前の谷に子供を落とした。

展開 その女はどうすることもできなくて、②［　　］に祈った。

最高潮 谷底に下りて見ると、子供は、積もった木の葉の上に全く③［　　］もなく倒れていた。

結末 喜んだ女は、泣く泣く④［　　］を拝んだ。見ていた人は驚き、大騒ぎをした。

重要古語

傍線部A・Bの本文中の意味を、それぞれ選べ。［2点×2］

A
ア かわいらしい
イ 困ったことだ
ウ かわいそうだ
エ もったいない
［　　］

B
ア 情けなく思い
イ 驚いたことだと思い
ウ 不思議なことだと思い
エ けしからぬことだと思い
［　　］

文法 動詞の活用の種類の判別①
〈見分け方〉上二段・下二段動詞

知・技 /13
思・判・表 /37
合計 /50
目標解答時間 20分

問一 文脈 次の1・2は、1は「どうしたはずみであったのだろうか」、2は「いつごろのことであっただろうか」という意味で、編者の感想を表す挿入句である。空欄A～Cのどこに入るかを答えよ。［5点×2］

1 いかにしけるにやありけむ、

2 いつのころほひのことにかありけむ、

1 [　　] 2 [　　]

問二 文脈 本文中には、**問一**の1・2と同じく、編者の感想や主観的判断を表す挿入句がほかにも見られる。二十字以内で抜き出せ。［5点］

問三 内容 傍線部①について、このとき女はわが子がどうなったと思ったか。三字以内で抜き出せ。［5点］

問四 理由 傍線部②について、その理由の一つに考えられるものを次から選べ。［6点］

ア 誰も子供を助けなかったことがとても恥ずかしかったから。

イ 子供を谷底に落とした女があまりにも不注意に思われたから。

ウ 泣く泣く観音に礼拝する女がご都合主義に感じられたから。

エ 子供が奇跡的に助かったことに驚いて深く感動したから。

問五 主題 この話の主題として適当なものを次から選べ。［7点］

ア 親子の絆《きずな》の深さ　イ 観音のご利益《りやく》

ウ 子供の運の強さ　エ 清水寺の繁盛

文法の整理　動詞の活用の種類の判別①

◆上二段動詞と下二段動詞の判別

打消の助動詞「ず」を付けて活用語尾で判断する。

●**イ音の場合**→上一段動詞（着る・煮る・似る・干《ひ》る・見る・射《い》る・鋳《い》る・居《ゐ》る・率《ゐ》る・用《もち》ゐる・率《ひき》ゐる）でなければ、ほぼ上二段動詞（過《す》ぐ・朽《く》つ・侘《わ》ぶ……）。

●**エ音の場合**→サ変動詞（す・おはす・念ず・重んず……）、下一段動詞（蹴る）でなければ、すべて下二段動詞（明《あ》く・失す・捨つ……）。

問題演習

1 傍線部の動詞の中から上二段動詞と下二段動詞を抜き出し、終止形に改めて答えよ。［1点×6］

(1) 起きてまた見むとて立ちて出でたるに、（今昔物語集）

上二段動詞 [　　]　下二段動詞 [　　]

(2)「心して降りよ。」と言葉をかけ侍りしを、（徒然草）

上二段動詞 [　　]　下二段動詞 [　　]

(3) なき人を偲《しの》ぶる宵の村雨《むらさめ》に濡《ぬ》れてや来つる山ほととぎす（源氏物語）

上二段動詞 [　　]　下二段動詞 [　　]

2 次の動詞の連体形を答えよ。［1点×3］

(1) 迎ふ　(2) 尽く　(3) 求む

(1) [　　]　(2) [　　]　(3) [　　]

11 竹取《たけとり》物語

文法　動詞の活用の種類の判別②

結婚の条件である東の海の蓬萊《ほうらい》の山にあるという玉の枝を、車持皇子《くらもちのみこ》は六人の工匠たちにひそかに作らせてかぐや姫の家に持参した。翁《おきな》はすぐに姫に結婚を勧めるが、そこへ工匠たちがやってくる。

（工匠たちが）「*賜《たま》はるべきなり。」と言ふを聞きて、かぐや姫、暮るるままに思ひわびつる（日が暮れるにつれて思い悩んでいた）心地、笑ひさかえて（晴れ晴れとしてきて）、翁を呼び取りて言ふやう、「まこと蓬萊の木かとこそ思ひつれ。かくあさましき（こんなにあきれた）Aそらごとにてありければ、はや返し給へ。」と言へば、翁答ふ、「さだかに（確かに）作らせたる物と聞きつれば（聞いてしまったので）、①返さむこといとやすし。」と、うなづきをり。②かぐや姫の心ゆきはてて、Bありつる歌の返し、

まことかと聞きて見つれば（本当かと思ってよく見たところ）③言の葉を飾れる玉の枝にぞありける

と言ひて、玉の枝も返しつ。竹取の翁、さばかり語らひつるが（あれほど（皇子を信用して）話し合っていたのが）、④さすがにおぼえて眠りをり。皇子は、立つもはした、居《ゐ》るもはしたにて居給へり。

*賜はるべきなり…（かぐや姫が結婚の条件として皇子に求めていた蓬萊の玉の枝を皇子の命令で作ったが、皇子が恩賞を出さないのであれば、かぐや姫から）当然いただけるはずである、という意。

本文の展開

空欄にあてはまる語句を本文中から抜き出せ。［1点×4］

発端　恩賞を求めて、工匠たちがかぐや姫の家に来た。

展開　［①　　］が作り物だとわかって、かぐや姫は晴れ晴れとした気持ちになる。

最高潮　かぐや姫は、［②　　］を添えて玉の枝を返す。

結末　［③　　］は眠ったふりをして、［④　　］はもじもじとしている。

重要古語

傍線部A・Bの本文中の意味を、それぞれ選べ。［2点×2］

A　ア 悪口　イ かげ口　ウ うそ　エ うわさ　［　　］

B　ア さっきの　イ 昔の　ウ ありったけの　エ あるがままの　［　　］

知・技　/14
思・判・表　/36
合計　/50
目標解答時間　25分

問一 **内容** 傍線部①から翁のどのような心境・様子がうかがえるか。適当なものを次から選べ。〔6点〕

ア 工匠たちの訴えを頭から疑っている。
イ かぐや姫に対して大いに不平をいだいている。
ウ 作り物と認め、きっぱりと決断している。
エ 諦めきれない様子で、なんとなくぐずぐずしている。

問二 **口語訳** 傍線部②を口語訳せよ。〔6点〕

問三 **表現** 傍線部③の修辞技法について説明した次の文の空欄A・Bに、適当な漢字一字をそれぞれ補え。〔4点×2〕

・［A］は［B］の縁語である。

A
B

問四 **内容** 傍線部④について、このときの翁の心境として適当なものを次から選べ。〔6点〕

ア 皇子との結婚を強く勧めてきたので、姫に申し訳なく思っている。
イ 皇子にだまされたとわかり、姫に対してばつが悪くとぼけている。
ウ 姫と皇子との結婚が不可能となって、落胆している。
エ あとの処理は姫に任せておけばよいと、安心している。

問五 **表現** 皇子は、持参した蓬萊の玉の枝が作り物だと露見して、きまり悪くいたたまれない気持ちになっている。その様子が生き生きと描かれている箇所を、十五字以内で抜き出せ。〔6点〕

文法の整理　動詞の活用の種類の判別②

◆ア行・ヤ行・ワ行に活用する語

●**ア行**　得《う》・心得《こころう》・所得《ところう》→　下二段活用

●**ヤ行**　射《い》る・鋳《い》る→　上一段活用
　老《お》ゆ・悔《く》ゆ・報《むく》ゆ→　上二段活用

※右の語以外のヤ行に活用する語
　おぼゆ・消《き》ゆ・越《こ》ゆ・絶《た》ゆ・見《み》ゆなど→　下二段活用

●**ワ行**　居《ゐ》る・率《ゐ》る・用《もち》ゐる・率《ひき》ゐる→　上一段活用
　植《う》う・飢《う》う・据《す》う→　下二段活用

問題演習

1 傍線部を、解答欄の形式で文法的に説明せよ。〔2点×3〕

(1) 笑ひさかえて、翁を呼び取りて言ふやう、(2行)
(2) さすがにおぼえて眠りをり。(7行)
(3) 立つもはした、居るもはしたにて居給へり。(8行)

(1) 　行　　段活用動詞　　形
(2) 　行　　段活用動詞　　形
(3) 　行　　段活用動詞　　形

2 空欄に活用語尾を補え。〔1点×4〕

(1) 植(　)て　(2) 老《お》(　)て　(3) 率《ひき》(　)て
(4) 聞こ(　)て

(1)
(2)
(3)
(4)

竹取物語
奈良時代｜平安時代｜鎌倉時代｜室町時代｜江戸時代
700 800 900 1000 1100 1200 1300 1400 1500 1600 1700 1800 1900

12 竹取物語

五人の貴公子が身を滅ぼすまでかぐや姫に尽くしても、結婚することができなかったといううわさを聞いた帝《みかど》は、内侍《ないし》の中臣《なかとみ》のふさ子を使者としてかぐや姫の家につかわした。

嫗《おうな》に、内侍*のたまふ、「仰せごとに（帝のお言葉に）、かぐや姫のかたち、優におはすなり（すぐれて美しくていらっしゃるそうだ）、よく見て参るべきよし（よく見て参れということを）、のたまはせつるになむ、①参りつる。」と言へば、「②さらば、かく申し侍らむ。」と言ひて、入りぬ。かぐや姫に、「はや、かの御使ひに対面し給へ。」と言へば、かぐや姫、「よきかたちにもあらず（すぐれた容貌ではない）。いかでか見ゆべき（どうして会うことができようか）。」と言へば、「うたてものたまふかな（困ったことをおっしゃるよ）。帝の御使ひをば、③いかでおろかにせむ。」と言へば、かぐや姫の答ふるやう、「帝の召してのたまはむこと（お召しになって（妻にと）おっしゃるようなことは）、Aかしこしとも思はず。」と言ひて、Bさらに見ゆべくもあらず。生める子のやうにあれど、いと心*はづかしげに、おろそかなるやうに（素っ気ない調子で）言ひければ、④心のままにもえ責めず。

＊内侍…宮中の内侍所の女官である掌侍《ないしのじょう》のこと。天皇に奉仕して、取り次ぎなどをする。中臣氏は、祭祀《さいし》を司る家柄。
＊心はづかしげに…こちらが気後れするほど気強く。

文法 形容詞
〈見分け方〉形容詞

本文の展開

空欄にあてはまる語句を本文中から抜き出せ。［1点×4］

前半 内侍が、かぐや姫の①□がすぐれているそうなので、見て参れという帝の②□を伝えると、同意した嫗は姫のいる部屋に入った。

後半 嫗が、使者と③□するようにと姫に勧めるけれど、自分はすぐれた④□でもないのにと言って承知しない。嫗も、姫は自分が生んだ子のようなものだが、今回は姫がたいへん素っ気なく拒むので、勧めかねた。

重要古語

傍線部A・Bの本文中の意味を、それぞれ選べ。［2点×2］

A
ア 優れている
イ 恐れ多い
ウ 高貴である
エ 恐ろしい
□

B
ア その上に
イ つとめて
ウ 改めて
エ 全く
□

知・技 /16
思・判・表 /34
合計 /50
目標解答時間 25分

問一 **内容** 傍線部①について、帝はかぐや姫の何を確かめさせるために、内侍をかぐや姫の家につかわしたのか。十字以内で簡潔に答えよ。〔7点〕

問二 **文脈** 傍線部②について、「かく申し侍らむ。」とあるが、「かく」とは具体的にどのようなことをさすか。二十字以内で答えよ。〔7点〕

問三 **文脈** 傍線部③の意味として適当なものを次から選べ。〔5点〕

ア　どうして愚かなことを言うと考えられるか。
イ　どうして愚か者扱いできましょう。
ウ　どうして軽々しく扱えようか。
エ　何とかして拒否しましょう。

問四 **理由** 傍線部④について、嫗が思うとおりに強制しかねるのはなぜか。その理由として適当なものを次から選べ。〔6点〕

ア　かぐや姫があまりにもぞんざいに拒絶するから。
イ　帝の要求が道理からはずれたものであるから。
ウ　わが子同然に長年育て、手放したくないから。
エ　内侍の態度が無礼で気に食わなかったから。

問五 **内容** このあと、嫗は内侍に、「このをさなき者は、こはく侍る者にて、……」と伝えている。かぐや姫をどのような人と言っているのか。適当なものを次から選べ。〔5点〕

ア　神仏を思わせるような崇高な人
イ　はにかみや
ウ　腹を立てるとこの上なく怖い人
エ　強情な人

文法の整理　形容詞

自立語で活用があり、状態・性質・感情を表し、「悲し」のように、言い切ると「し」で終わる語を、形容詞という。

形容詞の活用には、語尾が「く・き・けれ……」と活用するク活用と、「しく・しき・しけれ……」と活用するシク活用の二種類がある。なお、「同じ」のように「じく・じき・じけれ……」と活用する語もシク活用という。

◆形容詞の活用

基本形	語幹	未然形	連用形	終止形	連体形	已然形	命令形	活用の種類
高し	たか	く から	く かり	し	き かる	けれ	かれ	ク活用
苦し	くる	しく しから	しく しかり	し	しき しかる	しけれ	しかれ	シク活用
同じ	おな	じく じから	じく じかり	じ	じき じかる	じけれ	じかれ	シク活用

問題演習

1 傍線部の活用の種類と活用形を答えよ。〔2点×6〕

(1) かたちよき①人も、常よりはをかし②とこそ見ゆれ。（8ページ・5行）

(2) 帰りてぞ、さらに悲しき③ことは多かる④べき。（徒然草）

(3) 口重く⑤、問はぬ限りは言はぬこそいみじけれ⑥。（徒然草）

①　・
②　・
③　・
④　・
⑤　・
⑥　・

13

宇治拾遺物語《うぢしふゐ》

宇治拾遺物語
奈良時代｜平安時代｜鎌倉時代｜室町時代｜江戸時代
700　800　900　1000　1100　1200　1300　1400　1500　1600　1700　1800　1900

文法　形容動詞

珍しく手に入った氷魚《ひお》を客の僧に出して、主人がちょっと席をはずした。戻って見ると、氷魚がことのほかに減っている。あれ？とは思ったが、主人は僧に聞けなかった。

これも今は昔、ある僧、人のもとへ行きけり。①酒など勧めけるに、*氷魚《ひを》初めて出で来たりければ、あるじめづらしく思ひて、Aもてなしけり。あるじ用のことありて、内へ入りて、また出でたりけるに、この氷魚のことのほかに少なくなりたりければ、あるじいかにと思へども、②言ふべきやうもなかりければ、③物語しゐたりけるほどに、④この僧の鼻より氷魚の一つ、ふと出でたりければ、あるじあやしうおぼえて、「その鼻より氷魚の出でたるは、いかなることにか。」と言ひければ、Bとりもあへず、「このごろの氷魚は、*目鼻より降り候ふなるぞ。」と言ひたりければ、⑤人みな、はと笑ひけり。

*氷魚…アユの稚魚。「ひうを」の転。体長二〜三センチメートルの半透明の白色の魚。
*目鼻より降り…「氷魚」を「雹《ひょう》」（雷雨に伴って降る氷片）に掛けて、「（氷魚が）目鼻から降る」と言った。

本文の展開

空欄にあてはまる語句を本文中から抜き出せ。［1点×4］

発端　ある僧が他家に出かけたところ、その家の主人が酒を勧め、手に入れた①［　　］でもてなした。

展開　主人が奥に入り、戻って見ると、氷魚がことのほかに減っていた。

最高潮　そのまま②［　　］していると、僧の鼻から氷魚が一匹飛び出した。

結末　僧が、最近の氷魚は③［　　］から降るそうだと言ったので、一同は④［　　］笑った。

重要古語

傍線部A・Bの本文中の意味を、それぞれ選べ。［2点×2］

A
ア　披露し
イ　大切にし
ウ　ほめそやし
エ　ごちそうし
［　　］

B
ア　ぬけぬけと
イ　しかたなく
ウ　即座に
エ　慌てて
［　　］

知・技　/16
思・判・表　/34
合計　/50
目標解答時間　25分

問一 **文脈** 傍線部①は、誰が、誰に、酒を勧めたのか。それぞれ三字で抜き出せ。［3点×2］

誰が
誰に

問二 **内容** 傍線部②は「口にすべきことでもなかったので」の意味だが、「あるじ」のどのような気持ちを表しているか。適当なものを次から選べ。［6点］

ア 何とあさましいことをするのだろうと、僧を軽蔑し冷笑している。
イ とがめたり問い質《ただ》したりもできず、間の悪さに当惑している。
ウ 好物を食べられてしまって、情けなく悔しく思っている。
エ 思ったとおりなので、驚きもせず冷静に受け止めている。

問三 **口語訳** 傍線部③を十字以内で口語訳せよ。［6点］

問四 **理由** 傍線部④について、僧の鼻から氷魚が飛び出してきたのはなぜか。適当なものを次から選べ。［6点］

ア 氷魚をたくさん口に押し込みすぎて、飲み込みきれなかったから。
イ みんなを笑わせようと、わざと鼻の中に氷魚を一匹入れていたから。
ウ 魚食を禁じられている僧が氷魚を食べたので、罰が当たったから。
エ 初めて食べた氷魚の味が口に合わず、思わずむせたから。

問五 **理由** 傍線部⑤の理由として適当なものを次から選べ。［6点］

ア 「氷魚」に「雹」を掛けてあるじをやりこめたのが痛快だったから。
イ 氷魚を一人で食べた僧へのこらしめに胸のすく思いがしたから。
ウ 追及されて支離滅裂に答えた僧が気の毒に思えたから。
エ 僧の苦し紛れの駄洒落《だじゃれ》が妙に場の雰囲気に合ったから。

文法の整理 形容動詞

形容動詞は、自立語で活用があり、性質・状態を表し、言い切ると「なり」「たり」で終わる。

その活用には、終止形の活用語尾が「なり」となるナリ活用と、「たり」となるタリ活用の二種類がある。タリ活用形容動詞は、和漢混交文体の軍記物語などに限られる。

◆形容動詞の活用

基本形	語幹	未然形	連用形	終止形	連体形	已然形	命令形	活用の種類
		活用語尾						
豊かなり	豊か	なら	なり に	なり	なる	なれ	（なれ）	ナリ活用
堂々たり	堂々	（たら）	たり と	たり	たる	（たれ）	（たれ）	タリ活用

問題演習

1 次の(1)～(8)の中から、形容動詞を四つ選べ。［2点×4］

(1)心得たり　(2)盛りなり　(3)大願なり　(4)荒涼たり
(5)愚かなり　(6)勇者なり　(7)清げなり　(8)聖人たり

2 次の文から形容動詞を抜き出せ。［2点×2］

(1)この氷魚のことのほかに少なくなりたりければ、（3行）
(2)その鼻より氷魚の出でたるは、いかなることにか。（6行）

14 今昔物語集

義孝《よしたか》の少将は書道の名人藤原行成《ゆきなり》の父で、『小倉百人一首』の「君がため惜しからざりし命さへ長くもがなと思ひけるかな」の名歌をよんだ人。その死の惜しまれたことが、『大鏡』にも載っている。

今は昔、*右近少将《うこんのせうしやう》藤原義孝といふ人ありけり。①形、有様より始めて、心ばへ、A 身の才《ざい》B、みな人にすぐれてなむありける。また、道心*なむ深かりけるに、いと若くして失せにければ、親しき人々嘆き悲しみけれども、かひなくてやみにけり。

［A］、失せてのち、十月《とつき》ばかりを経て、*賀縁《がえん》といふ僧の夢に、②少将いみじく心地よげにて笛を吹くと見るほどに、ただ口を鳴らす*になむありける。賀縁これを見て言はく、「母のかくばかり恋ひ給ふを、いかにかく心地よげにてはおはするぞ。」と言ひければ、少将答ふることはなくして、かくなむよみける。

③しぐれにはちぐさの花ぞ散りまがふ④なにふるさとの袖濡らすらむ

*右近少将…右近衛府の次官。近衛府は宮中を守護する役所で左右に分かれていた。少将は中将の下の位。　*道心…仏教の信仰心。　*賀縁…天台宗の僧。　*口を鳴らす…口笛を吹く。

文法　係り結び

係り結びの法則

本文の展開　空欄にあてはまる語句を本文中から抜き出せ。［1点×4］

前段　右近少将藤原義孝は形・有様が端麗で、心ばえや［①］もほかの人より優れていた。また少将は［②］も深かったが、若くして死んだので、親たちは嘆き悲しんだ。

後段　十か月ほどたって、その少将が僧の賀縁の［③］に現れた。楽しそうなのでわけを問うと、自分はさまざまな［④］が散り乱れる所に生まれ変わって幸せだと歌をよんだ。

重要古語　傍線部A・Bの本文中の意味を、それぞれ選べ。［2点×2］

A　ア 気だて　イ 心情　ウ 心づかい　エ 意思　［　］

B　ア 才能　イ 学識　ウ 機知　エ 年齢　［　］

知・技　/16
思・判・表　/34
合計　/50
目標解答時間　25分

問一 口語訳 傍線部①を、十五字以内で口語訳せよ。〔6点〕

問二 文脈 空欄Aに入る言葉として適当なものを次から選べ。〔5点〕
ア しかれば　イ しかるに　ウ また　エ ただし

問三 理由 傍線部②について、少将が死後も「いみじく心地よげに」いることができたのは、生前のどのような行いによると考えられるか。該当する箇所を、十字以内で抜き出せ。〔6点〕

問四 口語訳 傍線部③の意味として適当なものを次から選べ。〔6点〕
ア 極楽浄土では時雨のころになると、さまざまな花が散ってしまう。
イ 俗世では時雨のころにもさまざまな花が咲き、悲しい気持ちになる。
ウ 極楽浄土ではさまざまな花がまるで時雨のように散り乱れ、楽しく過ごしている。
エ 俗世ではさまざまな花が咲くが、悲しいことも多い。

問五 文脈 傍線部④は「どうしてふるさとの人は私のことを嘆き悲しんで、涙で袖を濡らしているのだろうか。」という意味だが、賀縁のどの言葉に対して言ったものか。本文中から十二字以内で抜き出せ。〔7点〕

文法の整理　係り結び

文は普通、活用語の終止形で言い切るのが原則である。しかし、文中に係助詞「ぞ」「なむ（なん）」「や（やは）」「か（かは）」が用いられている場合は、文末を連体形で結び、係助詞「こそ」が用いられている場合は、已然形で結ぶ。この呼応の決まりを**係り結びの法則**という。
結びの語が**省略**されていたり、接続助詞がついて終止せずに、結びの**流れ・消滅**となったりする場合もある。

問題演習

1 傍線部の係助詞の結びの語を抜き出せ。〔2点×4〕
(1) 梅の花色こそ見えね香やは隠るる（古今集）
(2) かかるわざをしてさいなまるるこそ、いと心づきなけれ。いづ方へかまかりぬる。（源氏物語）

①　②　③　④

2 傍線部の係助詞の結びは、省略・消滅のどちらになっているかを答えよ。〔2点×2〕
(1) 道心なむ深かりけるに、いと若くして失せにければ、親しき人々嘆き悲しみけれども、かひなくてやみにけり。（2行）
(2) ただ人にはあらざりけるとぞ。（徒然草）

15 徒然草

文法　仮定条件と確定条件
接続助詞「ば」

知・技	/12
思・判・表	/38
合計	/50

目標解答時間 25分

仏の弟子である僧といえども、腹を立てたりどなったりすることもある。自分を堀に落とした相手をさんざんに叱りつけた証空上人《しょうくうしょうにん》のことを、兼好法師はどう思ったのだろうか。

＊高野《かうや》の証空上人、京へ上りけるに、細道《ほそみち》にて、馬に乗りたる女の行きあひたりけるが、口引きける男、①あしく引きて、聖《ひじり》の馬を堀へ落としてけり。聖、いとA腹あしくとがめて、「こはB希有《けう》の狼籍《らうぜき》かな。＊四部《しぶ》の弟子はよな、比丘《びく》よりは比《び》丘尼《くに》は劣り、比丘尼より優婆塞《うばそく》は劣り、優婆塞より優婆夷《うばい》は劣れり。かくのごとくの②優婆夷などの身にて、③比丘を堀へ蹴入れさする、未曾有《みぞう》の悪行《あくぎやう》なり。」と言はれければ、口引きの男、「いかに仰《おほ》せらるるやらん。④えこそ聞き知らね。」と言ふに、上人、なほ息まきて、「何と言ふぞ。非修非学《ひしゆひがく》の男。」と荒らかに言ひて、きはまりなき放言《はうごん》しつと思ひけるけしきにて、馬引き返して⑤逃げられにけり。

＊高野の証空上人…「高野」は高野山にある金剛峰寺《こんごうぶじ》。「証空上人」は伝未詳。　＊四部の弟子…比丘・比丘尼・優婆塞・優婆夷で、僧・尼・在家のまま仏門に入った男・同じく在家の女をいう。

本文の展開

空欄にあてはまる語句を本文中から抜き出せ。［1点×4］

事実

▼発端　証空上人が、京へ上る途中、馬もろとも ① に落とされた。

▼展開　怒った上人は、相手の ② と馬の口引きの男とに向かって、仏教の世界の論理でどなった。

▼結末　上人は、仏の ③ にあるまじき ④ だと気がついて、逃げてしまわれた。

作者の批評　（省略）

重要古語

傍線部A・Bの本文中の意味を、それぞれ選べ。［2点×2］

A
ア　気分が悪く
イ　意地が悪い
ウ　短気に
エ　気にそまなく

B
ア　とんでもない
イ　納得がいかない
ウ　すばらしい
エ　ずうずうしい

問一 口語訳 傍線部①を口語訳せよ。［6点］

問二 文脈 傍線部②・③は誰のことか。本文中の表現で答えよ。［3点×2］

②

③

問三 理由 傍線部④について、なぜ聞いても理解できなかったのか。そのことを説明した次の文の空欄A～Cに、適当な漢字二字の語を補え。［4点×3］

・上人が［ A ］して、漢語や［ B ］語を用いて罵倒《ばとう》したので、［ C ］のない馬引きの男には理解できなかった。

A

B

C

問四 理由 傍線部⑤について、証空上人はなぜ逃げたのか。その理由として適当なものを次から選べ。［5点］

ア 仏の戒めに反する悪口を言ったと反省し、いたたまれなかったから。
イ 悪口雑言《あっこうぞうごん》をあびせられて屈辱を感じ、いたたまれなかったから。
ウ 仕返しが心配で、その場にいるのが恐ろしかったから。
エ 無学の男が哀れで、その場にいるのがつらくなったから。

問五 主題 この文章に続いて、作者の批評の言葉が述べてある。その言葉として適当なものを次から選べ。［5点］

ア 深く信〈信仰〉を致しぬれば、かかる徳〈功徳〉もありけるにこそ。
イ 興《きょう》あらんとすることは、必ずあいなき〈ツマラナイ〉ものなり。
ウ 尊かりける〈尊ク思ワレタ〉いさかひ〈口論〉なるべし。
エ 先達《せんだち》〈指導者〉はあらまほしき〈必要ナ〉ことなり。

文法の整理 仮定条件と確定条件

現代文では「仮定形＋ば」で仮定条件（もし…なら・もし…たら）を表すが、古文には仮定形がなく、「未然形＋ば」で仮定条件を表す。口語の仮定形の代わりに文語には已然形があり、「已然形＋ば」で確定条件（…ので・…から・…と・…ところ・…といつも）を表す。

現代文 霜がおりれ《仮定形》**ば**、稲はすっかり枯れてしまう。 **〈仮定条件〉**

古文 霜の置か《未然形》**ば**、（稲は）みな枯れぬ。 **〈仮定条件〉**
もし霜がおりたら、（稲は）すっかり枯れてしまう。

霜の置きてけれ《已然形》**ば**、（稲は）みな枯れぬ。 **〈確定条件〉**
霜がおりてしまったので、（稲は）すっかり枯れてしまった。

問題演習

1 次の傍線部の語の活用形を答え、波線部の接続助詞「ば」のはたらきを、仮定条件、確定条件から選んで答えよ。［1点×8］

(1) 山崩れなば、うち覆はれて、死にもぞする。（宇治拾遺物語）

(2) 時世《ときよ》経て久しくなりにければ、その人の名忘れにけり。（伊勢物語）

(3) 驚きて見れば、いみじうをかしげなる猫あり。（更級日記）

(4) 盃《さかづき》を取れば酒を思ひ、賽《さい》を取れば攤《だ》打たんことを思ふ。（徒然草）

16 十訓抄

奈良時代｜平安時代｜鎌倉時代｜室町時代｜江戸時代
700 800 900 1000 1100 1200 1300 1400 1500 1600 1700 1800 1900
十訓抄

文法 活用語の音便

説話のおもしろさは、意外な展開にある。高野山にある金剛峰寺に参詣する旅の途上、京都大原に住む天台宗の修行僧たちは、どんな「意外」に顔を赤らめたのだろうか。

大原の聖*たち、四、五人ばかりつれて、高野へ参りけるに、河内《かはち》の国石川*の郡《こほり》にとどまりにけり。①家主《いへあるじ》は紺の直垂*《ひたたれ》ばかり着て、袴《はかま》は着ず。ことのほかに経《けい》営《めい》(A)して、よき筵《むしろ》、畳《たたみ》など取り出だして敷きけり。日のいまだ高かりければ、聖一人、止観《しくわん》を取り出でて、復《ふく》しけり。主の僧寄りて、「何の文《もん》にか。」と問ひければ、「止観と申す文なり。②ただし四巻《しくわん》にはあらず。」と言ひければ、③重ねて言ふことはなくて、「此*《し》之《し》止観《しくわん》天台《てんだい》智者《ちしや》　説《せつ》己《こ》心中《しんちゆう》所行《しよぎやう》法門《ほふもん》」と、(B)しのびやかに誦《ずん》じければ、そのとき聖たち顔を赤め、舌《した》を巻きて、やみにけり。この僧は、もとは④山僧なりけるが、世間《せけん》に落ちて、縁《えん》に触れて、この所にとどまりにけり。

*聖…修行僧。　*石川の郡…今の大阪府河内長野市あたり。　*直垂…男子の通常服。
*此之～法門…「この止観は、天台智者が、己の心中に悟り得た仏の教えを説いたものである。」の意。

本文の展開

空欄にあてはまる語句を本文中から抜き出せ。［1点×4］

発端 大原の聖たちが ①□ へ参る途中、河内の国で泊まった。

展開 聖の一人が ②□ を何度も読み上げていると、主人が「何の経文か。」と問うので、「止観です。③□ ではない。」と言ったところ、

結末 主人が「此之止観天台智者　説己心中所行法門」としのびやかに唱えたので、聖たちは顔を赤め、驚いた。

補足 主人はもと ④□ であった。

重要古語

傍線部A・Bの本文中の意味を、それぞれ選べ。［2点×2］

A
ア 世話を焼き
イ 調子を合わせ
ウ 態度を変え
エ 機嫌を取り
□

B
ア ゆったりと
イ なめらかに
ウ 小さな声で
エ 誇らしげに
□

知・技 /18
思・判・表 /32
合計 /50
目標解答時間 25分

問一 内容 傍線部①の家主は、出家はしたものの俗人に戻り、妻帯などして俗世に交わって暮らしている。そのことが示されている部分を、本文中から五字で抜き出せ。［7点］

問二 理由 傍線部②について、修行僧はどうしてこのようなことを言ったのか。このときの気持ちとして適当なものを次から選べ。［7点］

ア 笑い者にしてやろうと陥れる気持ち。
イ 貧しい者であるとばかにした気持ち。
ウ どんな態度に出るか試したい気持ち。
エ 無学の者であると見くびった気持ち。

問三 文脈 傍線部③について、家主は何を再び言うことがなかったのか。その内容を表す部分を、六字以内で抜き出せ。［7点］

問四 知識 傍線部④について、本文中から判断してどこの山で修行した僧と考えられるか。適当なものを次から選べ。［6点］

ア 吉野山《よしのやま》　**イ** 比叡山《ひえいざん》
ウ 筑波山《つくばさん》　**エ** 高野山《こうやさん》

問五 主題 この話からどのような教訓を学び取ることができるか。適当なものを次から選べ。［7点］

ア 修行を怠るべきではないということ。
イ 偽りを言うべきではないということ。
ウ 他人を侮るべきではないということ。
エ 己を過信すべきではないということ。

文法の整理　活用語の音便

発音の便宜のために語の音が変化することを音便といい、次の四種類がある。

- **イ音便**…イ音に変化　書きて→書いて　悲しきこと→悲しいこと
- **ウ音便**…ウ音に変化　匂ひたり→匂うたり　白くて→白うて
- **撥《はつ》音便**…はねる音(＝ン音)に変化　あるめり→あんめり
- **促音便**…つまる音(＝ッ音)に変化　取りたり→取ったり

ラ変型活用語が撥音便化するとき、「あんめり」→「あめり」のように、撥音が表記されないこともある。読むときには「アンメリ」と、「ン」音を補う。

問題演習

1 傍線部の語の音便の種類ともとの形を答えよ。［1点×8］

(1) 舟なかりければ、追うても攻め戦はず。（平家物語）
(2) 尼《あま》になつてぞ出で来る。（平家物語）
(3) 馬はまことによい馬でありけり。（平家物語）
(4) 「よろしげなめり。」と、うれしく思ふ。（源氏物語）

訓読のきまり

訓読・書き下し・返り点

知・技　/50

目標解答時間　20分

◆**訓読と訓点**

私たちの祖先は、日本語とは構造や性質の異なる中国語の文章（漢文）を日本語で読む方法を考え出した。それが**訓読**である。

漢文と日本語の文の語順は、必ずしも同じではない。その場合、漢文を日本語の語順に変えて読むことを示す必要がある。そのための符号を**返り点**といい、漢字の左横下に記す。また、訓読する際には、漢文にはない活用語の活用語尾や助詞などを補う必要がある。これを**送り仮名**といい、漢字の右横下に片仮名（歴史的仮名遣い）で記す。

返り点と送り仮名、「。」「、」の句読点をまとめて**訓点**といい、訓点に従って漢字仮名交じりの文に書き改めたものを**書き下**《くだ》**し文**という。

◆**書き下し文のきまり**

❶**文語文法に従い、歴史的仮名遣いで書く。**

例　有《レバ》レ備《ヘ》無《シ》レ患《うれヒ》。　➡備《そな》へ有《あ》れば患《うれ》ひ無《な》し。

❷**できるだけ原文の漢字を用いるが、次のものは平仮名で書く。**

・日本語の助詞と助動詞にあたるもの。

例　歳月《ハ》不《ず》レ待《タ》レ人《ヲ》。　➡歳月《さいげつ》は人《ひと》を待《ま》たず。

仁《ハ》人《ノ》心也《なり》。　➡仁《じん》は人《ひと》の心《こころ》なり。

・再読文字の二度目に読む部分。　＊本書三八ページ参照。

❸**文中で訓読しない漢字（置き字）は書かない。**　＊本書四一ページ参照。

問題演習

1 □の中に、例にならって読む順に番号を入れよ。　［2点×5］

例　[2]レ[1][5]レ[4]レ[3]

① □レ□レ□□レ□

② □□レ□□レ□□

③ □二□□一□レ□□レ□

④ □二□レ□□□一レ□レ□

⑤ □下□二□□一□□レ□□上

2 □の中に、読む順に番号を入れよ。　［2点×4］

① 一日《ニ》行《ク》二千里《ヲ》一。（一日《いちにち》に千里《せんり》を行《ゆ》く。）

□□□□□

② 父母之年《ハ》、不《ル》レ可《カラ》レ不《ル》レ知《ラ》。（父母《ふぼ》の年《とし》は、知《し》らざるべからず。）

□□□□□□□□

③ 行《ク》二百里《ヲ》一者《ハ》半《バトス》二九十《ヲ》一。（百里《ひやくり》を行《ゆ》く者《もの》は九十《きうじふ》を半《なか》ばとす。）

□□□□□□□

④ 勇者《ハ》不《ズシモ》二必《ラ》有《ラ》一レ仁。（勇者《ゆうしや》は必《かなら》ずしも仁《じん》有《あ》らず。）

□□□□□□

◆返り点の種類と用法

❶レ（レ点）　一字から、すぐ上の一字に返って読む符号。

例　読ム㆑書ヲ。　➡書《しょ》を読《よ》む。　[2][1]

不㆑読マ㆑書ヲ。　➡書《しょ》を読《よ》まず。　[3][2][1]

❷一・二・三…（一二点）　二字以上を隔てて、下から上に返って読む符号。

例　借ル㆓虎ノ威ヲ㆒。　➡虎《とら》の威《ゐ》を借《か》る。　[3][1][2]

❸上・下　上・中・下（上中下点）　「一二点」のついた句を間に挟んで、下から上に返って読む符号。

例　不㆘以テ㆓千里ヲ㆒称セラレ㆖也。　➡千里《せんり》を以《も》つて称《しょう》せられざるなり。　[5][3][1][2][4][6]

無シ㆘不ル㆑知ラ㆑愛スルヲ㆓其ノ親ヲ㆒者㆖。　➡其《そ》の親《おや》を愛《あい》するを知《し》らざる者《もの》無《な》し。　[7][5][4][3][1][2][6]

上中下点で足りないときは、甲乙点《こうおつ》（甲《こう》・乙《おつ》・丙《へい》…）、それでも足りないときは天地点《てんち》（天・地・人）を用いる。

❹㆒㆑・㆖㆑（一レ点《いちれ》・上レ点《じょうれ》）　「レ点」と「一点」「上点」とを併用したもの。すぐ上の一字に返ったあと、「二点」や「下点」に返る符号。

例　後ルレバ則チ為ル㆓人ノ所㆒㆑制スル。　➡後《おく》るれば則《すなは》ち人《ひと》の制《せい》する所《ところ》と為《な》る。　[1][2][6][3][5][4]

勿カレ㆘以テ㆓悪ノ小ナルヲ㆒為スコト㆖㆑之ヲ。　➡悪《あく》の小《せう》なるを以《も》つて之《これ》を為《な》すこと勿《な》かれ。　[6][3][1][2][5][4]

❺―（タテ点・ハイフン・連読符号）　二字以上の熟語に返って読むときは、漢字の間に「―」を入れ、その左側に返り点をつける。

例　教㆓-育ス子弟ヲ㆒。　➡子弟《してい》を教育《けういく》す。

3 書き下し文を参考にして、返り点・送り仮名をつけよ。　［4点×8］

① 春眠不覚暁。
（春眠《しゅんみん》　暁《あかつき》を覚《おぼ》えず。）

② 馬無故逃入胡。
（馬《うま》　故《ゆゑ》無《な》くして逃《に》げて胡《こ》に入《い》る。）

③ 会其怒、不敢献。
（其《そ》の怒《いか》りに会《あ》ひて、敢《あ》へて献《けん》ぜず。）

④ 何不反其本。
（何《なん》ぞ其《そ》の本《もと》に反《かへ》らざる。）

⑤ 今夜不知何処宿。
（今夜《こんや》は何《いづ》れの処《ところ》に宿《やど》るかを知《し》らず。）

⑥ 遂迷不復得路。
（遂《つひ》に迷《まよ》ひて復《ま》た路《みち》を得《え》ず。）

⑦ 汝忘越人之殺父邪。
（汝《なんぢ》　越人《ゑつひと》の父《ちち》を殺《ころ》すを忘《わす》れたるか。）

⑧ 有一言而可以終身行之者乎。
（一言《いちげん》にして以《も》つて終身《しゅうしん》之《これ》を行《おこな》ふべき者《もの》有《あ》りや。）

再読文字

知・技 /50

目標解答時間 20分

◆再読文字

一字に一つの日本語をあてるのでは十分に意味が表せない場合、一字に二つの日本語をあてた。この字を**再読文字**という。

●**読み方**…初めはその漢字が出てきたところで副詞として読み、二度目は返り点に従って下から返って、助動詞または動詞として読む。

●**送り仮名**…一度目に読むときの送り仮名は漢字の右横下、二度目に読むときの送り仮名は漢字の左横下につける。

●**書き下し文**…副詞として読むときは、副詞は漢字、送り仮名は平仮名で書き、助動詞・動詞として読むときは、漢字も送り仮名も平仮名で書く。

❶当（まさニ〜ベシ） 当然〜すべきだ

例 **政 治ハ 当《まさニ》《ベシ》レ 正ナル。** ⬇政治《せいじ》は当《まさ》に正《せい》なるべし。

訳 政治は当然正しくあるべきだ。

❷応（まさニ〜ベシ） きっと〜だろう

例 **応《まさニ》《ベシ》レ 有ル二 善キ 人一。** ⬇応《まさ》に善《よ》き人《ひと》有《あ》るべし。

訳 きっとよい人がいるだろう。

❸未（いまダ〜ず） まだ〜しない

例 **未《いまダ》《ざル》レ 学バ二 兵 法ヲ一 也。** ⬇未《いま》だ兵法《へいはふ》を学《まな》ばざるなり。

訳 まだ兵法を学んでいない。

問題演習

1 次の文の傍線部を書き下し文に改めよ。 ［3点×7］

① 過《あやま》テバ則チ 宜《シク》《シ》レ 改《ム》レ 之ヲ。

［　　］

② 汝 遠ク 来タル 応《ニ》《シ》レ 有《ル》レ 意。

［　　］

③ 未《ダ》《シテ》レ 治メ 而 国 人 信《ズ》レ 之ヲ。

［　　］

④ 及《ビテ》レ 時ニ 当《ニ》《シ》二 勉 励《ス》一。

［　　］

⑤ 猶《ホ》《キ》二 水 之 就《クガ》レ 下《ひく》キニ 也。

［　　］

⑥ 不レ 知《ラ》二 敵 之 将《ニ》《ルヲ》レ 至《ラント》。

［　　］

⑦ 盍《ゾ》《ル》三 各《おのおの》 言《ハ》二 爾《なんぢ》ノ 志ヲ一。

［　　］

❹将（まさニ〜ントす）今にも〜しようとする

例　我将《まさニ》《す》レ献《ゼント》レ之《ヲ》。 ➡ 我《われ》将《まさ》に之《これ》を献《けん》ぜんとす。

訳　私は今にもこれを差し上げようとする。

❺且（まさニ〜ントす）今にも〜しようとする

例　且《まさニ》《す》レ飲《マント》レ水《ヲ》。 ➡ 且《まさ》に水《みづ》を飲《の》まんとす。

訳　今にも水を飲もうとする。

❻猶（なホ〜ガ／ノごとシ）ちょうど〜のようだ

例　此《ノ》馬《ハ》猶《なホ》《ごとシ》レ竜《ノ》。 ➡ 此《こ》の馬《うま》は猶《な》ほ竜《りゅう》のごとし。

訳　この馬はちょうど竜のようだ。

❼宜（よろシク〜べシ）〜するのがよい

例　宜《よろシク》《べシ》レ待《ツ》二時《ノ》至《ルヲ》一。 ➡ 宜《よろ》しく時《とき》の至《いた》るを待《ま》つべし。

訳　時機が来るのを待つのがよい。

❽須（すべかラク〜べシ）ぜひ〜する必要がある

例　須《すべかラク》《べシ》レ思《フ》二病苦《ノ》時《ヲ》一。 ➡ 須《すべか》らく病苦《びやうく》の時《とき》を思《おも》ふべし。

訳　ぜひ病気で苦しむときのことを考えておく必要がある。

❾盍（なんゾ〜ざル）どうして〜しないのか、すればよい

例　盍《なんゾ》《ざル》レ帰《ラ》二故郷《ニ》一。 ➡ 盍《なん》ぞ故郷《こきやう》に帰《かへ》らざる。

訳　どうして故郷に帰らないのか、帰ればよい。

＊「盍」は「何不」（何ゾ〜ざル）に同じ。

2 次の文を平仮名（現代仮名遣い）のみの書き下し文に改めよ。［3点×3］

① 応《ニ》《シ》レ知《ル》二故郷《ノ》事《ヲ》一。
［　　］

② 未《ダ》レ能《ハ》レ献《ズル》レ書《ヲ》。
［　　］

③ 李白乗《リテ》レ舟《ニ》将《ニ》レ行《カント》。
［　　］

3 書き下し文を参考にして、返り点・送り仮名をつけよ。［4点×5］

① 及春須尽歓。
（春《はる》に及《およ》びては須《すべか》らく歓《たの》しみを尽《つ》くすべし。）

② 盍各言其願。
（盍《なん》ぞ各《おのおの》　其《そ》の願《ねが》ひを言《い》はざる。）

③ 猶水之勝火。
（猶《な》ほ水《みづ》の火《ひ》に勝《か》つがごとし。）

④ 将平‐定天下。
（将《まさ》に天下《てんか》を平定《へいてい》せんとす。）

⑤ 且為敵所虜。
（且《まさ》に敵《てき》の虜《とりこ》とする所《ところ》と為《な》らんとす。）

助字・置き字

置き字

知・技 /50

目標解答時間 20分

◆助字

文中や文末にあって、疑問・断定・接続などの意味を添える文字を助字という。助字は、日本語の助動詞や助詞、英語の前置詞に相当するはたらきや、漢文特有のはたらきなどをする。訓読するとき読まない置き字となるものもある。

文中にある助字

❶於・于・乎 ……**場所・時間、目的・対象、動作の起点、比較、受身などを表す。**

・隠ル乎故郷ニ。 ➡故郷《こきやう》に隠《かく》る。 ＊置き字《場所》

・出ヅ二于口ヨリ一。 ➡口《くち》より出《い》づ。 ＊置き字《動作の起点》

・良薬ハ苦シ二於口ニ一。 ➡良薬《りやうやく》は口《くち》に苦《にが》し。 ＊置き字《対象》

・霜葉ハ紅ナリ二於二月ノ花ヨリモ一。 ➡霜葉《さうえふ》は二月《にぐわつ》の花《はな》よりも紅《くれなゐ》なり。 ＊置き字《比較》

❷而 ……**接続（順接・逆接）を表す。**

・入リテレ水ニ而求ムレ魚ヲ。 ➡水《みづ》に入《い》りて魚《うを》を求《もと》む。 ＊置き字《順接》

・樹欲スレドモレ静カナラント而風不レ止マ。 ➡樹《き》静《しづ》かならんと欲《ほっ》すれども風《かぜ》止《や》まず。 ＊置き字《逆接》

❸也 ……**提示、呼びかけ、強調を表す。**

・其ノ言也《や》好シ。 ➡其《そ》の言《げん》や好《よ》し。 《提示》

❹者 ……**主部を表す。**

・天地者《は》万物之逆旅也。 ➡天地《てんち》は万物《ばんぶつ》の逆旅《げきりよ》なり。 《主部》

問題演習

1 次の文を書き下し文に改めよ。 ［4点×8］

① 視レドモ而不《ず》レ見エ。 「　」

② 忠言ハ利アリ二於行ヒニ一。 「　」

③ 項羽者《は》楚人也。 「　」

④ 如《ごと》シレ失フガ二左右之手ヲ一。 「　」

⑤ 信ナレドモ而見《る》レ疑ハ。 「　」

⑥ 防グハ二民之口ヲ一、甚ダシ二於防グヨリモ一レ水ヲ。 「　」

⑦ 不《ず》レ信《ぜ》ラレ二乎朋友ニ一矣。 「　」

⑧ 可《べ》キモレ見ル、不《ざ》ルレ可《べ》カラレ食ラフ也。 「　」

❺之　……修飾の関係を表す。「～の」の意。

・鶏犬之《の》声相聞《コユ》。 ➡ 鶏犬《けいけん》の声《こゑ》相聞《あひき》こゆ。 《修飾》

文末にある助字

❶也　……断定、理由、疑問・反語、感嘆を表す。

・政者正也《なり》。 ➡ 政《せい》は正《せい》なり。 《断定》

・民之不《ルハ》レ加《へ》レ多《キヲ》、何《ゾ》也《や》。 ➡ 民《たみ》の多《おほ》きを加《くは》へざるは、何《なん》ぞや。 《疑問》

・何《ゾ》楚人之多《キ》也《や》。 ➡ 何《なん》ぞ楚人《そひと》の多《おほ》きや。 《感嘆》

❷矣・焉　……断定、完了、感嘆を表す。

・我《ハ》不《ルナリ》レ恐《レ》焉。 ➡ 我《われ》は恐《おそ》れざるなり。 ＊置き字《断定》

・舟《ハ》已《ニ》行《ケリ》矣。 ➡ 舟《ふね》は已《すで》に行《ゆ》けり。 ＊置き字《完了》

❸乎・耶・邪・与・歟・哉・夫　……疑問・反語、感嘆を表す。

・為《ニ》レ人《ノ》謀《リテ》而忠《ナル》乎《か》。 ➡ 人《ひと》の為《ため》に謀《はか》りて忠《ちゆう》なるか。 《疑問》

・何《ゾ》不《ラン》レ楽《シマ》乎《や》。 ➡ 何《なん》ぞ楽《たの》しまざらんや。 《反語》

・孝《ナル》哉《かな》、曽子。 ➡ 孝《かう》なるかな、曽子《そうし》。 《感嘆》

❹耳・已・爾・而已　……限定（断定）を表す。

・君《ノ》家《ニ》少《ナキ》者《ハ》、義耳《のみ》。 ➡ 君《きみ》の家《いへ》に少《すく》なき者《もの》は、義《ぎ》のみ。 《限定》

◆置き字

訓読するとき読まない助字を**置き字**という。その字そのものは読まないが、その字の文章上でのはたらきは、他の字の送り仮名で示されることが多い。同じ字でも常に置き字となるわけではなく、文の構成・意味、訓読したときの調子などで読むか読まないかが決まる。

・求《ム》二食《ヲ》於山中《ニ》一。 ➡ 食《しよく》を山中《さんちゆう》に求《もと》む。 ＊「於」は置き字

・於《イテ》レ山《ニ》求《ム》レ魚《ヲ》。 ➡ 山《やま》に**於《お》いて**魚《うを》を求《もと》む。 ＊「於」は読んでいる

2 書き下し文を参考にして、返り点・送り仮名をつけよ。　［3点×6］

①用力少而功多。
（力《ちから》を用《もち》ゐること少《すく》なくして功多《こうおほ》し。）

②人無不飲食也。
（人《ひと》は飲食《いんしよく》せざる無《な》きなり。）

③此豈人之情也。
（此《こ》れ豈《あ》に人《ひと》の情《じやう》ならんや。）

④天時不如地利耳。
（天《てん》の時《とき》は地《ち》の利《り》に如《し》かざるのみ。）

⑤君子之交、淡若水。
（君子《くんし》の交《まじ》はりは、淡《あは》きこと水《みづ》のごとし。）

⑥雖有功、而不認。
（功《こう》有《あ》りと雖《いへど》も、認《みと》められず。）

1 荀子《じゅんし》

句形 否定形

部分否定・全部否定／二重否定

荀子は人間の性質は悪であるとして、学問によってそれを矯正《きょうせい》しようとした。そして、学問を継続することによって、知識も磨かれ、過ちを犯すこともなくなると説いている。

*君《くん》子《し》曰《い》ハク、「A学ハ不《ず》レ可《べ》カラ二以《も》ツテ已《や》ム一。①青ハ取リテ二之《これ》ヲ於*藍《あゐ》ヨリ一、而青ク二於藍ヨリモ一、氷ハ水ヨリ為《つく》リテレ之ヲ、而寒《つめ》タシ二於水ヨリモ一。」木直ナルコト中タルモレ*縄《すみなは》ニ、a *輮《たわ》メテ以ツテ為《な》セバレ輪ト、其ノ曲ナルコト中タルレ*規ニ。②雖《いへど》モレ有リト二*槁《かう》暴《ばく》一、不ル二復《ま》タ*挺《の》ビ一者《は》、③輮ムルコト使《し》ムレバ二之ヲシテ*然《しか》ラ一也《なり》。故《ゆゑ》ニ木受クレバレ縄ヲ則《すなは》チ直ニ、*金就ケバレ*礪《とい》シニ b 則チ利ナリ。君子博《ひろ》クレ学ビテ、而日ニ参三省スレバ乎己ヲ一、則チ智明ラカニシテ而行ヒニ無シレ過チ c 矣。

（A 学問は途中でやめてはいけない。）
（a まっすぐで）
（たわめ曲げて輪にすれば、）
（枯れ乾くことがあっても、二度とまっすぐにならないのは、）
（b 刃物は砥石にかければ）
（鋭利になる。）

*君子…徳のある人。ここでは、学問に志す人。
*藍…タデ科の一年草。藍草。青い染料の原料となる。
*縄…墨縄《すみなわ》。大工が直線を引くのに使う道具。　*輮…たわめ曲げる。
*規…円を描く道具。コンパス。　*槁暴…(木が)枯れ乾くこと。
*挺…まっすぐ伸びること。　*然…そのように。
*金…刃物。　*礪…砥石《といし》。

本文の展開

空欄にあてはまる語句を本文中から抜き出せ。［1点×4］

▼学問は途中でやめてはいけない。
・藍《あい》草から作る青色は藍よりも①［　　］くなる。
・水からできる②［　　］は水よりも冷たくなる。
▼(「木」と「金」を例に、学問の効果を説く。)
・まっすぐな木もたわめて輪にすると曲がったままになる。
・金も砥《と》石で研げば利となる。
▼(学問もこれと同じこと。)
・ひろく学んで、日に何度も反省すれば、③［　　］は明らかに、④［　　］いも過ちがなくなる。

基本句形の整理

否定形 ➡1・3・6行

否定形とは、動作・状態・事物などを打ち消す表現で、「〜ない」の意味を表す。「〜なカレ」は否定的命令で、「〜するな」と禁止を表す。

●不レ〜・弗レ〜　〜ず
●非ズ二〜一・匪ズ二〜一　〜ニあらズ
●無シレ〜・莫シレ〜・勿シレ〜・毋シレ〜　〜なシ

知・技 /25
思・判・表 /25
合計 /50
目標解答時間 20分

問一 **語句** 二重傍線部a〜cの読みを現代仮名遣いで書け。 ［3点×3］

a タルモ　b ケバ　c チ

問二 **口語訳** 傍線部①「青取㆓之於藍㆒、而青㆓於藍㆒」を口語訳せよ。 ［6点］

問三 **訓読** 傍線部②「雖㆑有㆓槁暴㆒、不㆓復挺㆒者、」を書き下し文に改めよ。 ［5点］

問四 **文脈** 傍線部③「輮使㆓之然㆒也。」について、「之」は何を、「然」はどのようなことをさしているか。それぞれ本文中の語を抜き出せ。（訓点不要） ［4点×2］

之　然

問五 **文脈** 傍線部Aに「学不㆑可㆓以已㆒。」とあるが、学問を途中でやめなければ、どういう成果が得られるのか。本文中から七字で抜き出せ。（訓点不要） ［7点］

問六 **語句** この話から「出藍の誉れ」という故事成語ができたが、その意味として最も適当なものを次から選べ。 ［3点］

ア 先生を超える存在になること。
イ 藍よりもさらに青くなること。
ウ 博学の君子になること。
エ 学問で身を立て、故郷を離れること。

● **無㆑《カレ》〜・莫㆑《カレ》〜・勿㆑《カレ》〜・毋㆑《カレ》〜**　〜なカレ

不㆑〜 ⬇ 〜ず　訳 〜ない

例 学《ハ》不㆑可㆓《カラ》以《ツテ》已《ム》㆒。 ⬇ 学《がく》は以《もつ》て已《や》むべからず。

訳 学問は途中でやめてはいけない。

問題演習

1 次の文を書き下し文に改めよ。 ［2点×2］

① 過《テバ》則《チ》無㆑《カレ》憚《はばかルコト》㆑改《ムルニ》。

訳 過ちを犯したら改めることを躊躇《ちゅうちょ》してはいけない。

② 智明《ラカニシテ》而行《ヒニ》無㆑《シ》過《チ》矣。

訳 知識は磨かれてその行いにも過ちがなくなる。

2 書き下し文を参考にして、次の文に返り点・送り仮名をつけよ。 ［2点×2］

① 非有益、反有害。

益《えき》有《あ》るに非《あら》ず、反《かへ》つて害《がい》有《あ》り。

訳 益があるわけではなく、かえって害がある。

② 無食以給彼。

食《しょく》の以《も》つて彼《かれ》に給《きふ》する無《な》し。

訳 彼に支給する食べ物がない。

世説新語《せせつしんご》

俗世間を避け、山野に入って隠者の生活をしようと思った孫子荊《そんしけい》は、自然を友とする生活を「枕石漱流」の四字によって表現しようとして間違ってしまった。それを指摘された孫子荊はどうしただろうか。

句形 疑問形

孫*子荊、年少《キ》時、欲《ス》レ隠《レント》。語《リテ》二王*武子一《ニ》、当《ニ》三枕《シ》レ石《ニ》漱《くちすす》《グ》上レ流《レニ》、誤《リテ》曰《ハク》、「漱《ギ》レ［A］《ニ》枕《スト》レ流《レニ》。」王曰《ハク》、「流《レハ》可《ク》レ枕《ス》、石《ハ》可《キ》レ漱《グ》乎《ト》。」孫曰《ハク》、「所‐以枕《スル》流、欲《スレバ》《ナリ》レ洗《ハント》二其《ノ》耳一《ヲ》。所‐以漱石、欲《スレバ》《ナリト》レ礪《みがカント》二其《ノ》歯一《ヲ》。」

（a：年少時 b：欲隠 ①：当枕石 ②：石 ③：所以枕流）

この耳を洗おうとするためである。

この歯をみがこうとするためである。

*孫子荊…孫楚。子荊は字《あざな》。晋《しん》の人。
*王武子…王済。武子は字。晋の人。
*漱流…川の流れでうがいをする。

本文の展開 空欄にあてはまる語句を本文中から抜き出せ。〔1点×4〕

▼隠遁《いんとん》生活をしようと思った孫子荊は、友人の王武子に、「枕石漱流」と言おうとして言い誤ってしまった。

▼王武子に、「川の流れを［①］にしたり、［②］でうがいをしたりすることができるのか。」と誤りを指摘されると、

▼孫子荊は、「流れを枕にするのは、この［③］を洗うためである。石でうがいをするのは、この［④］をみがくためである。」と答えた。

基本句形の整理 疑問形 ⬇3行

疑問形は相手、もしくは自分に対して問いかける表現である。

◆疑問の助字・疑問詞を用いるもの

● ～乎《か(や)》・邪《か(や)》・耶《か(や)》・也《か(や)》・与《か(や)》・哉《か(や)》　～か・～や

知・技 /25

思・判・表 /25

合計 /50

目標解答時間 20分

問一 語句 二重傍線部a、bの読みを現代仮名遣いで書け。［3点×2］

a キ　b レント

問二 文脈 空欄Aに入る語として適当なものを、本文中から一字で抜き出せ。（訓点不要）［7点］

問三 口語訳 傍線部①「当ニ枕レ石漱レ流、」を口語訳せよ。［7点］

問四 内容 傍線部②「石可レ漱乎。」の意味として適当なものを次から選べ。［7点］

ア 石でうがいをすることができるのか。
イ 石を枕にして眠れるのか。
ウ 石はうがいをするのに便利なのか。
エ 石のほかに何でうがいをするのか。

問五 訓読 傍線部③「所-以枕流、」の書き下し文として適当なものを次から選べ。［5点］

ア 所以《ゆゑ》に流れに枕し、
イ 流れに枕する所以《ゆゑん》は、
ウ 枕を以つて流るる所は、
エ 所として以つて流れに枕するは、

問六 語句 この話から「漱石枕流」という故事成語ができたが、その意味として適当なものを次から選べ。［6点］

ア 気が短いこと。　イ 勝負好きなこと。
ウ 我慢強いこと。　エ 負け惜しみが強いこと。

● 何ゾ～　なんゾ～　● 誰カ～　たれカ～
● 安クンゾ～・悪クンゾ～・烏クンゾ～・焉クンゾ～　いづクンゾ～

～乎　➡～か・～や　訳 ～か　＊連体形接続なら「か」、終止形接続なら「や」。
例 足ル乎。➡足《た》るか。訳 足りるか。

何ゾ～　➡なんゾ～　訳 どうして～か
例 何ゾ不レ知ラ。➡何《なん》ぞ知《し》らざるや。訳 どうして知らないのか。

＊疑問詞は句末に疑問の助字を伴うこともある。

問題演習

1 次の文を書き下し文に改めよ。［2点×2］

① 何ゾ追レフ我ヲ也。訳 どうして私を追うのか。

② 弟子、誰カ為レス好レムト学ヲ。訳 弟子の中で、誰が学問を好むか。

2 書き下し文を参考にして、次の文に返り点・送り仮名をつけよ。［2点×2］

① 君 安 与 彼 友 乎。
君《きみ》安《いづ》くんぞ彼《かれ》と友《とも》たるや。訳 あなたはどうして彼と友達なのか。

② 王 何 不 用 孔 子。
王《わう》何《なん》ぞ孔子《こうし》を用《もち》ゐざるか。訳 王はどうして孔子を用いないのか。

3 史記《しき》

句形 反語形

知・技	/25
思・判・表	/25
合計	/50

目標解答時間 20分

始皇帝《しこうてい》の死後、各地で反乱が起こる。その口火を切ったのは、陳渉《ちんしょう》と呉広《ごこう》が重税と徴発に苦しむ人々を指導して起こした農民反乱であった。次の話は、その陳渉が青年のときのものである。

*陳《ちん》渉《せふ》少《わかキ》時、a 嘗《テ》与レ人*傭《よう》耕《ス》。*輟《やメテ》レ耕《ヲ》b 之《キ》二*壟《ろう》上《ニ》一、

①*悵《ちやう》恨《スルコト》久《シクシテ》レ之《ヲ》（長い間うらみ嘆いて） 曰《ハク》、「c 苟《シクモ》富貴《トナルトモ》、②無《カラント》二相忘《ルルコト》一。」*傭者笑《ヒテ》而

応《こたヘテ》曰《ハク》、「若《なんぢ》為《ス》二傭耕《ヲ》一、③何《ゾ》富貴《トナラン》也《ト》。」陳渉*太息《シテ》曰《ハク》、

④「嗟乎、*燕雀安知*鴻鵠之志哉。」

*陳渉…名は勝。渉は字《あざな》。　*傭耕…雇われて田を耕すこと。
*輟…やめる。　*壟…田の中の小高い丘。　*悵恨…うらみ嘆く。
*傭者…雇い主。　*太息…ため息をつく。
*燕雀…「燕(つばめ)」や「雀(すずめ)」のような小さい鳥。
*鴻鵠…「鴻(おおとり)」や「鵠(くぐい)」のような大きい鳥。

本文の展開

空欄にあてはまる語句を本文中から抜き出せ。［1点×4］

▼陳渉は若いころ、人に雇われて田を耕していた。
・あるとき、耕作をやめ、小高い丘に登って言った、
「もし［①　　］の身になっても、あなたを忘れはしない。」
▼雇い主は笑って言った、
「おまえは雇われている身。富貴になどなれるものか。」
▼陳渉は［②　　］して言った、
「ああ、小人物＝［③　　］に大人物＝［④　　］の志がわかるものか。」

基本句形の整理

反語形 ➡3・4行

反語形は、言いたいことを強調するために、言おうとする内容と反対のことを疑問形で表したものである。よって形は疑問形と同じであるが、文末の読みは「〜ン(ヤ)」となる。訳すときは「いや、…ない。」まではっきりと書くようにしよう。

◆**疑問の助字・疑問詞を用いるもの** ——

問一 語句 二重傍線部a〜cの読みを現代仮名遣いで書け。［3点×3］

a　テ　b　キ　c　シクモ

問二 内容 傍線部①「悵恨久レ之」は、何をうらみ嘆いているのか。適当なものを次から選べ。［7点］

ア 世の中の混乱。　**イ** 仕事のつらさ。

ウ 今の自分の身の上。　**エ** 自分の歳の若さ。

問三 文脈 傍線部②「無二相忘一」とは、何を忘れないというのか。本文中から抜き出せ。［7点］

問四 口語訳 傍線部③「何富貴也。」を口語訳せよ。（文末の「と」は不要）［7点］

問五 訓点 傍線部④を「嗟乎《ああ》、燕雀《えんじやく》 安《いづ》くんぞ鴻鵠《こうこく》の志を知らんやと。」と読めるように、返り点と送り仮名をつけよ。［5点］

嗟 乎、燕 雀 安 知 鴻 鵠 之 志 哉。

問六 語句 傍線部④の「燕雀安知鴻鵠之志哉。」は、どういう意味を表す故事成語か。最も適当なものを次から選べ。［3点］

ア 小人物には大人物の大志はわからない。

イ 小人物は大人物と大した違いはない。

ウ 小人物より大人物のほうがよく働くものだ。

エ 小人物の気持ちは大人物にはわからない。

●〜乎《ン(や)》・邪《や》・也《や》　〜ン(や)　　●何《ゾ》〜ン(ヤ)　なんゾ〜ン(ヤ)

安《クンゾ》〜ン(ヤ)　⬇いづクンゾ〜ン(ヤ)　＊「焉・寧」なども同意。

例 訳 どうして〜であろうか、いや、〜ない

安《クンゾ》能《ク》為《ラン》二之《ガ》足《ヲ》一。⬇安《いづ》くんぞ能《よ》く之《これ》が足《あし》を為《つく》らん。

訳 どうしてその足を作る（描く）ことができようか、いや、できはしない。

問題演習

1 次の文を書き下し文に改めよ。［2点×2］

① 何《ゾ》不レ知《ランヤ》。 訳 どうして知らないだろうか、いや、知っている。

② 此《レ》水之性《ナラン》邪。

訳 これは水の本性であろうか、いや、そうではない。

2 書き下し文を参考にして、次の文に返り点・送り仮名をつけよ。［2点×2］

① 不 馴 於 己 乎。

己《おのれ》に馴《な》れざらんや。 訳 私になつかないことがあろうか、いや、なつく。

② 割 鶏、焉 用 牛 刀。

鶏《にはとり》を割《さ》くに、焉《いづ》くんぞ牛刀《ぎうたう》を用《もち》ゐん。

訳 鶏を割くのに、どうして牛刀を使う必要があろうか、いや、その必要はない。

4 荘子《そうし》

句形 感嘆形

荘子は次の文章で、夢と思ったことが現実であり、その反対に現実と思ったことが夢である、というように、世の中のすべての区別を超越して、変化の相そのものを見つめることの大切さを述べる。

a昔*者、荘周夢《ニ》為《ル》二蝴蝶《ト》一。栩《*く》栩《く》然《ぜんトシテ》蝴蝶也。b自《ラ》①喩《たのシミ》適《*かなヘル》レ志《ニ》与《かな》。（荘周は夢の中で蝶になった。）②不《ル》レ知《ラ》レ周《ナルヲ》也。俄《*が》然《トシテ》覚《ムレバ》、c則《チ》蘧《*きよ》蘧《きよ》然《ぜんトシテ》周也。③不《レ》知《ラ》、周之夢《ニ》為《レル》二蝴蝶《ト》一与《か》、蝴蝶之夢《ニ》為《レル》レ周《ト》与。④周与蝴蝶、則《チ》必《ズ》有《ラン》レ分*矣。此《レヲ》之《レ》謂《フ》二物*化《ト》一。

*昔者…かつて。以前。「者」は時を表す語に添える助字。
*栩栩然…ひらひらと飛ぶさま。
*適志…気持ちがのびのびする。
*俄然…にわかに。　*蘧蘧然…驚くさま。
*物化…万物の極まりない変化。　*分…区別。

本文の展開　空欄にあてはまる語句を本文中から抜き出せ。［1点×3］

夢	現実
①［　　］ 栩栩然 ひらひらりと飛び楽しむ	荘周 ②［　　］ 驚くことに自分は荘周だ

⬅ どちらが本当の自分なのか？
⬅ しかし、それは問題ではない。
⬅ この世のあらゆるものは変化してやまない。これを③［　　］という。

基本句形の整理　感嘆形 ⬇2行

感嘆形は、喜怒哀楽などの、心の大きな揺らぎを表す形である。

◆感嘆詞を用いるもの ＿＿＿＿

● 嗟《ああ》・噫《ああ》・唉《ああ》・於呼《ああ》・嗚呼《ああ》・嗟夫《ああ》　ああ

◆感嘆の助字を用いるもの ＿＿＿＿

知・技 /25
思・判・表 /25
合計 /50
目標解答時間 20分

問一 語句 二重傍線部a〜cの読みを現代仮名遣いで書け。 ［3点×3］

a ［　　］　b ［　　ラ］　c ［　　チ］

問二 内容 傍線部①「適レ志与。」は、どういうことについての感慨を述べているのか。解答欄にあてはまる語を本文中から二字で抜き出せ。（訓点不要） ［7点］

荘周が［　　］になったこと。

問三 訓読 傍線部②「不レ知レ周也。」を書き下し文に改めよ。 ［4点］

［　　　　］

問四 文脈 傍線部③「不レ知」の内容はどこまでか。終わりの二字を抜き出せ。（訓点不要） ［7点］

［　　］

問五 訓点 傍線部④を「周と蝴蝶とは、」と読めるように、返り点と送り仮名をつけよ。 ［4点］

周 与 蝴 蝶、

問六 主題 本文の主旨と最も合致するものを次から選べ。 ［8点］

ア 人の死ほどこの世で悲しいものはない。
イ 善悪の区別をはっきりと理解すべきである。
ウ 万物の変化の中でその時々を楽しむのがよい。
エ 夢の中では現実のことを忘れているものだ。

［　　］

● 〜 哉《かな》・乎《かな》・矣《かな》・夫《かな》・歟《かな》・与《かな》・乎哉《かな》　〜かな

嗚呼〜哉

⬇ああ〜かな 訳 ああ〜だなあ

例 嗚呼、哀シイ哉。 ⬇ ああ、哀《かな》しいかな。

訳 ああ、哀しいことだなあ。

問題演習

1 次の文を書き下し文に改めよ。 ［2点×2］

① 嗚呼、滅ボセシ二六国ヲ一者ハ六国也。

訳 ああ、六国を滅ぼしたのは六国自身であるよ。

［　　　　］

② 自ラ喩シミ適ヘルレ志ニ与。

訳 なんと気ままに楽しんで、気持ちがのびのびしていたことか。

［　　　　］

2 書き下し文を参考にして、次の文に返り点・送り仮名をつけよ。 ［2点×2］

① 唉、豎子、不足与謀。

唉《ああ》、豎子《じゅし》、与《とも》に謀《はか》るに足《た》らず。

訳 ああ、小僧め、ともにはかるに足らぬやつよ。

② 久矣、吾不復夢見周公。

久《ひさ》しいかな、吾《われ》復《ま》た夢《ゆめ》に周公《しゅうこう》を見《み》ず。

訳 なんとも長い間、夢に周公を見ることもないよ。

5 礼記《らいき》

舅《しゅうと》・夫、そして我が子まで虎に食い殺されて嘆き悲しんでいる婦人。どうしてこんな恐ろしいところを去らないのかという孔子《こうし》の問いに対して、婦人は何と答えたのだろうか。

孔子過グ二泰*山ノ側《かたはら》ヲ一。有リテ下婦人ノ哭*スル二於墓一者上而哀《かな》シ a*。夫子式《しょく》*シテ而聴キレ之ヲ、①使メテ二子路*ヲシテ問ハレ之ニ曰ハク、「子之（あなたの泣く）哭スル b 也（様子は）、壱《いつ》*ニ似タリ二重ネテ有ルレ憂ヒ者一。」而《すなは》チ曰ハク、「②然リ。昔者吾ガ舅《しゅうと》（私の舅が）死シ二於虎一ニ、（虎に殺され、）吾ガ夫又死シ二於③焉一ニ、今吾ガ子又死セリ二於焉ニ一。」夫子曰ハク、「④何為レゾ不ルレ去ラ也ト。」曰ハク、「無ケレバナリト二苛政一。」夫子曰ハク、「小*子識《しる》セレ之ヲ、（おまえたちよ、よく覚えておきなさい、）⑤苛政ハ猛ニ於虎一ヨリモ也ト。」

＊泰山…山の名。　＊哭…死者を悼んで大声で泣く。
＊夫子…賢者・先生の敬称。孔子をさす。
＊式…車の横木に手をついてする礼。
＊子路…孔子の弟子の仲由《ちゅうゆう》。子路は字《あざな》。
＊壱…ひとえに。もっぱら。　＊小子…弟子たち。

句形　使役形

▶ 使役形・受身形

知・技	/20
思・判・表	/30
合計	/50

目標解答時間 20分

本文の展開　空欄にあてはまる語句を本文中から抜き出せ。［1点×4］

▼孔子が［①　　］のふもとを通りかかると、一人の婦人が墓の前で泣いていた。
⬅それを見た孔子は、
▼弟子の［②　　］に尋ねさせた、
「あなたには何度も悲しいことがあったようですが。」と。
▼婦人は答えて言った、
「そのとおりです。私の舅と［③　　］と子が虎に殺されたのです。」と。
⬅それを聞いた孔子は、
▼「どうしてここから逃げないのですか。」と尋ねた。
・婦人は言った、
「［④　　］がないからです。」と。
▼孔子は言った、
「弟子たちよ、よく覚えておけよ、苛酷な政治は虎よりも恐ろしいのだ。」と。

基本句形の整理

使役形 ⬇2行

使役形は、ある者が他の者に命じてある動作をさせることを表す。

問一 語句 二重傍線部a、bの読みを現代仮名遣いで書け。［3点×2］

a

b

問二 訓読 傍線部①「使㆓子路問㆑之曰、㆒」を書き下し文に改めよ。［6点］

問三 文脈 傍線部②「然」はどのような内容をさすか。本文中から五字以内で抜き出せ。（訓点不要）［7点］

問四 文脈 傍線部③「焉」は何をさすか。本文中から抜き出せ。（訓点不要）［6点］

問五 内容 傍線部④「何為不㆑去也。」の意味として適当なものを次から選べ。［6点］

ア どうしてもここから逃げたくない。
イ どうしてここから逃げないのか。
ウ いつになったらここから逃げるのか。
エ ここから逃げてどこに行くのか。

問六 内容 傍線部⑤「苛政猛㆓於虎㆒也。」とはどういう意味か。適当なものを次から選べ。［7点］

ア 人民は虎よりも苛酷な政治を望むものなのだ。
イ 人民を甘やかす政治ほど苛酷なものはない。
ウ 人を食い殺す虎よりも恐ろしいものはない。
エ 苛酷な政治は虎よりも恐ろしいのだ。

◆**使役の助字を用いるもの**

● **使《しム》・令《しム》・教《しム》・遣《しム》㆓〜㆒（セ）** 〜（セ）しム

使ム㆓Aヲシテ（セ）B㆒
⬇ AヲシテB（セ）しム 訳 AにBさせる

例 我使ム㆓馬ヲシテ走ラ㆒。
⬇ 我《われ》馬《うま》をして走《はし》らしむ。 訳 私は馬を走らせた。

＊Aは使役の対象。省略されることもある。
＊A（使役の対象）には、「ヲシテ」と送り仮名をつける。

問題演習

1 **次の文を書き下し文に改めよ。**［2点×2］

① 天帝使ム㆓我ヲシテ王タラ㆒。 訳 天帝は私を王にならせた。

② 遣ム㆓従者ヲシテ先行セ㆒。 訳 従者を先に行かせた。

2 **書き下し文を参考にして、次の文に返り点・送り仮名をつけよ。**［2点×2］

① 趙王令臣献璧。
趙王《ちょうおう》臣《しん》をして璧《へき》を献《けん》ぜしむ。 訳 趙王は臣に璧玉を献上させた。

② 孔子教弟子学詩。
孔子《こうし》弟子《ていし》をして詩《し》を学《まな》ばしむ。 訳 孔子は弟子に『詩経《しきょう》』を学ばせた。

6 晋書《しんじょ》

句形 受身形

使役形・受身形

知・技	/25
思・判・表	/25
合計	/50

目標解答時間 20分

晋の車胤《しゃいん》と孫康《そんこう》は、どちらも家が貧しかった。しかし、二人はそうした境遇にあっても勉学に努めた。「蛍の光、窓の雪」と、唱歌の歌詞にもなった話である。

晋ノ車胤、幼ニシテ*恭勤*博覧ナリ。家貧シクシテ①不㆓常得㆒㆑油。（いつも油が手に入るわけではなかった。）*夏月ニハ以ツテ㆓*練《れん》嚢《なう》ヲ㆒盛リ㆓数十ノ蛍《けい》火《くわ》ヲ㆒、照ラシテ㆑書ヲ読ミ㆑之ヲ、②以ツテ㆑夜ヲ継グ㆑日ニ。後、官ハ至ル㆓*尚書郎ニ㆒。

晋ノ孫康ハ、a少クシテ*清介、交遊ハ不㆑雑ナラ。（志を同じくしない者とは交際しなかった。）c家貧シクシテ無シ㆑油。b嘗テ③映ジテ㆑雪ニ読ム㆑書ヲ。後、[A]ハ至ル㆓*御史大夫ニ㆒。

*恭勤…まじめに勉学に努めること。
*博覧…広く書物を読んで博識であること。
*夏月…夏の三か月。夏期。　*練嚢…練り絹の袋。
*尚書郎…詔勅などの文書をつかさどる役人。
*清介…清廉潔白すぎて孤立すること。
*御史大夫…官吏の罪を正す役人。

本文の展開

空欄にあてはまる語句を本文中から抜き出せ。［1点×4］

▼車胤は家が貧しかった。
そのために、「不常得［①　　］」
しかし、←［②　　］火で照らし、書を読み学問をして、
ついに、高位の役人となった。

▼孫康は家が貧しかった。
そのために、「無［③　　］」
しかし、←［④　　］に映じて書を読み、
ついに、高位の役人となった。

基本句形の整理　受身形

受身形は、他の者から何かをされることを表す。

◆受身の助字を用いるもの

●見《る(らル)》㆑・被《る(らル)》㆑・為《る(らル)》㆑・所《る(らル)》㆑～　～る・～らル

問一 語句 二重傍線部a〜cの読みを現代仮名遣いで書け。〔3点×3〕

a （　　）クシテ　b （　　）テ　c （　　）ニ

問二 訓読 傍線部①「不ニ常得レ油。」を書き下し文に改めよ。〔4点〕

問三 内容 傍線部②「以レ夜継レ日。」の意味として最も適当なものを、次から選べ。〔7点〕

ア 昼も夜も勉学に励んだ。

イ 夜になってから勉学に励んだ。

ウ 一晩中勉学に励んだ。

エ 昼の間だけ勉学に励んだ。

問四 口語訳 傍線部③「映レ雪読レ書。」を口語訳せよ。〔7点〕

問五 文脈 空欄Aに入る語を本文中から一字で抜き出せ。（訓点不要）〔7点〕

問六 語句 この話から「蛍雪の功」という故事成語ができたが、その意味として適当なものを次から選べ。〔4点〕

ア 苦労をして勉強しても意味はないということ。

イ 家が貧しくても明かりは手に入るということ。

ウ 苦労して勉学に励み、成果をあげるということ。

エ 自然を大切にしなくてはならないということ。

● Aル(ラル)ニ於B二一・Aル(ラル)ニ于B二一　BニAル・ラル

見る(らル)レ〜 ➡ 〜る・〜らル 訳 〜される

例 我ハ見レ欺カ。 ➡ 我《われ》は欺《あざむ》かる。 訳 私はだまされた。

＊「る」は四段・ナ変・ラ変動詞の未然形に、「らル」はその他の動詞の未然形に接続する。

■問題演習■

1 次の文を書き下し文に改めよ。〔2点×2〕

① 忠ナレドモ而被レ謗《そし》ラ。 訳 真心を尽くしながらも悪口を言われる。

② 見レルルモ辱メ而不レ怒ラ。 訳 侮辱されても怒らない。

2 書き下し文を参考にして、次の文に返り点・送り仮名をつけよ。〔2点×2〕

① 労 力 者、治 於 人。
力《ちから》を労《らう》する者《もの》は、人《ひと》に治《をさ》めらる。
訳 肉体労働をする者は、人に支配される。

② 各 以 罪 之 軽 重 被 罰。
各《おのおの》罪《つみ》の軽重《けいちょう》を以《も》つて罰《ばつ》せらる。
訳 おのおの罪の軽重に応じて罰せられた。

史記

句形　仮定形

李広《りこう》は清廉《せいれん》な人物で、恩賞を受けると部下に分け与えて自分の財産は蓄えず、行軍の際にはまず兵卒に飲食させ、自分は最後にした。そんな李将軍の列伝を、司馬遷《しばせん》は次のように締めくくっている。

*太《たい》史《し》公《こう》曰《ハク》、「*伝《ニ》曰《ハク》、『*其《ノ》身正《シケレバ》、不レ令《セ》而行《ハレ》、其《ノ》身不《レバ》レ正《シカラ》、①雖《モ》レ令《スト》不《ト》レ従《ハレ》。』其《レ》*李将軍之謂《いひ》也《か》。余睹《みルニ》二李将軍《ヲ》一、*悛《しゅん》悛《しゅんトシテ》如《ク》二 a *鄙《ひ》人《ノ》一、*口不レ能《ハ》二 b 道辞《スル》一。及《ビ》二死《スル》之日《ニ》一、天下②知《ルト》与レ不《ル》レ知《ラ》、③皆為《ニ》尽《クス》レ哀《かなシミヲ》。彼《ノ》其《ノ》忠・実《ノ》心、誠《ニ》信《ゼラルル》二於士大夫《ニ》一也。諺《ことわざニ》曰《ハク》、『桃李不《レドモ》レ言《ものいハ》、下 c 自《ヅカラ》成《なスト》レ蹊《こみちヲ》。』此《ノ》言雖《モ》レ小《ナリト》、④可《キ》二以《ツテ》諭《たとフ》レ大《ニ》一也《ト》。」


（其李将軍之謂也＝これは李将軍のような人のことを言うのであろうか。）

（此言雖小＝この言葉は小さいことを言うにすぎないが、）


*太史公…司馬遷のこと。　*伝…ここでは『論語《ろんご》』のこと。

*其身正、不令而行、其身不正、雖令不従。…『論語』子路《しろ》編にある言葉。

*李将軍…李広のこと。前漢《ぜんかん》の武将。文帝《ぶんてい》・景帝《けいてい》・武帝《ぶてい》の三代に仕え匈奴《きょうど》討伐にあたったが、目立った武功を上げることなく、生涯不遇であった。

*悛悛…実直なさま。　*鄙人…田舎の人。

*口不能道辞…上手に話をすることができない。口べたである。

本文の展開

空欄にあてはまる語句を本文中から抜き出せ。［1点×3］

▼［　①　］（＝司馬遷）が言うことには、
・李将軍は、古い書物にある、「上に立つ者自身が［　②　］しければ、命令しないでも行われる。」というような人であった。
・李将軍が亡くなった日には、天下の人々は皆、哀悼の意を尽くした。
▼李将軍こそは、［　③　］に言う、「桃李不レ言、下自成レ蹊。」にたとえられるような人である。

基本句形の整理

仮定形　⬇1・2行

仮定形とは、ある条件を仮に想定して、その結論を述べる表現である。

◆仮定の副詞・接続詞を用いるもの

● 若《シ》～《バ》・如《シ》～《バ》　もシ～バ
● 苟《シクモ》～《トモ》　いやシクモ～トモ
● 縦《ヒ》～《トモ》　たとヒ～トモ
● 雖《モ》レ～《ト》　～トいへどモ

知・技	/23
思・判・表	/27
合計	/50

目標解答時間　20分

問一 語句 二重傍線部a〜cの読みを現代仮名遣いで書け。 ［3点×3］

a □ク　b □ハ　c □ヅカラ

問二 文脈 傍線部①「雖レ令不レ従。」と対照的な内容を述べている箇所を本文中から抜き出せ。（訓点不要） ［5点］

問三 内容 傍線部②「知与レ不レ知、」の意味として適当なものを次から選べ。 ［6点］

ア 李将軍を知っている者も知らない者も、
イ 李将軍と知り合いになりたいと思った人は、
ウ 太史公の知り合いもそうでない人も、
エ 李将軍が付き合っていた人たちは、

問四 文脈 傍線部③「皆為尽レ哀。」の「為」の下に言葉を補うとしたら、何が適当か。本文中から三字以内で抜き出せ。（訓点不要） ［6点］

問五 訓読 傍線部④「可ニ以諭㆑大也。」を書き下し文に改めよ。（文末の「と」は不要） ［6点］

問六 主題 本文から読み取れる李将軍の人柄を、次から選べ。 ［7点］

ア 将軍として思う存分に活躍した人。
イ 人の言うことに耳を傾けることのない人。
ウ 誠実な人柄で、誰からも愛された人。
エ 口べたで、お世辞を言うことができない人。

若《シ》**〜**《バ》 ⬇もシ〜バ 訳 もしも〜ならば

例 学 若《シ》 不《ンバ》レ 成《ラ》、死 不《ストモ》レ 還《ラ》。
⬇学《がく》若《も》し成《な》らずんば、死《し》すとも還《かへ》らず。
訳 学問がもし完成しなかったら、死んでも帰らない。

*「若・如」は順接、「苟・縦・雖」は逆接の仮定形。

問題演習

1 次の文を書き下し文に改めよ。 ［2点×2］

①苟《シクモ》 富 貴《トナルトモ》、無《カラン》ニ 相 忘《ルルコト》一。
訳 もし富貴の身になったとしても、忘れはしない。

②雖《モ》レ 令《スト》 不レ 従《ハレ》。
訳 命令したとしても(民に)従われることはない。

2 書き下し文を参考にして、次の文に返り点・送り仮名をつけよ。 ［2点×2］

①若 嗣 子 可 輔、輔 之。
若《も》し嗣子《しし》輔《たす》くべくんば、之《これ》を輔《たす》けよ。
訳 もし後継ぎが補佐するに足る人物であれば、補佐してほしい。

②雖 国 大、好 戦 必 亡。
国《くに》大《だい》なりと雖《いへど》も、戦《たたか》ひを好《この》まば必《かなら》ず亡《ほろ》びん。
訳 たとえ国が大きくても、戦争を好めばきっと滅亡する。

8 論語《ろんご》

句形 限定形

孔子《こうし》は、弟子の子游《しゆう》が治めている武城《ぶじょう》の町に入った。高級な音楽の音色を耳にして、孔子は笑った。生真面目な子游が、町の規模にはそぐわない格式の高い政治をしていることがうかがわれたからである。

子*之《キ》二 a武*城《ニ》一、聞《ク》二 ①絃*《げん》歌《か》之声《ヲ》一。夫*子莞*《くわん》爾《じトシテ》而 b笑《ヒテ》曰《ハク》、「割*鶏、焉用牛*刀。」子*游対《ヘテ》曰《ハク》、「昔者偃《えん》也《や》、聞《ク》二 ②諸《ヲ》夫子《ニ》一。曰《ハク》、『君子 ③学《ベバ》レ道《ヲ》c則《チ》愛《シ》レ人《ヲ》、小人学《ベバ》レ道《ヲ》則《チ》易《キ》レ使《ヒ》也《ト》。』」子曰《ハク》、「二*三子、偃之言《ハ》是*《ぜ》也。④前言《ハ》戯《レシ》レ之《ニ》耳《ト》。」

礼楽を学ぶ琴の音や歌声が聞こえた。

孔子はにっこりと笑って

わたくし偃は、

このようなことを先生から聞いております。

おまえたちよ、

*子・夫子…先生。孔子のこと。 *武城…魯《ろ》の国の小さな町の名。

*絃歌之声…琴に合わせて歌う歌声。 *莞爾…にっこりと。

*割鶏…鶏を料理する。 *牛刀…牛を解体するのに使う大きな刀。

*子游…孔子の弟子。姓は言、名は偃《えん》。子游は字《あざな》。このとき武城の町長であった。

*二三子…ここでは弟子たちへの呼びかけ。おまえたち。

*是…正しい。

本文の展開

空欄にあてはまる語句を本文中から抜き出せ。［1点×4］

▼孔子は弟子の子游が治めている武城の町に出かけた。

紘歌の声を聞き、にっこり笑って、

↓

「割鶏、［①］。」

▼子游が言うには、

「以前、先生はこのように言われました。

［②］→学レ道→愛レ人

［③］→学レ道→易レ使。」

それを聞いて、

↓

▼孔子が言うには、

「［④］の言うことは正しい。

先ほどは冗談を言っただけだよ。」

基本句形の整理

限定形 ⬇5行

限定形とは、その程度・分量を限定し、文を強調する表現である。

◆限定の副詞を用いるもの

● 但《ダ》〜《ノミ》・唯《ダ》〜《ノミ》・惟《ダ》〜《ノミ》・只《ダ》〜《ノミ》・直《ダ》〜《ノミ》　たダ〜ノミ

◆限定の助字を用いるもの

知・技	/25
思・判・表	/25
合計	/50

目標解答時間 20分

問一 語句 二重傍線部a～cの読みを現代仮名遣いで書け。［3点×3］

a （　　）キ　b （　　）ヘテ　c （　　）チ

問二 訓点 傍線部①を「鶏を割《さ》くに、焉《いづ》くんぞ牛刀を用ゐんと。」と読めるように、返り点と送り仮名をつけよ。［4点］

割 鶏、焉 用 牛 刀。

問三 文脈 傍線部②「諸」がさす内容の初めと終わりの二字を本文中から抜き出せ。（訓点不要）［6点］

（　　）～（　　）

問四 内容 傍線部③「学レ道」とはどういうことか。最も適当なものを次から選べ。［7点］

ア 人を愛する方法を学ぶこと。
イ 音楽の演奏法を身につけること。
ウ 調理の方法を習得すること。
エ 礼楽の道を学ぶこと。

問五 文脈 傍線部④「前言」の内容を、本文中から八字以内で抜き出せ。（返り点・送り仮名不要）［8点］

問六 語句 この話から「鶏を割くに、焉くんぞ牛刀を用いん」という故事成語ができたが、その意味として適当なものを次から選べ。［4点］

ア 小さなものよりも大きなもののほうが価値があるということ。
イ 大きなことをするためには、まず小さなことをせよということ。
ウ 小さなことをするのに大げさな方法を用いること。
エ 仕事をするのにその大小は関係ないということ。

● ～耳《のみ》・爾《のみ》・而已《のみ》・而已矣《のみ》　～のみ

直ダ**～耳**　⇒ ただ～のみ　訳 ただ～だけだ

例 直ダ不ル二百歩ナラ一耳。
⇒ **直《た》だ百歩《ひやつぽ》ならざるのみ。**
訳 ただ（逃げたのが）百歩でないだけだ。

問題演習

1 次の文を書き下し文に改めよ。［2点×2］

① 但ダ聞クノミ二人語ノ響クヲ一。
訳 ただ人の話し声が響くのが聞こえるだけだ。

② 前言ハ戯レシレ之ニ耳。
訳 先ほどは冗談を言っただけだ。

2 書き下し文を参考にして、次の文に返り点・送り仮名をつけよ。［2点×2］

① 独 我 知 之 耳。
独《ひと》り我《われ》之《これ》を知《し》るのみ。
訳 ひとり私がこれを知っているだけだ。

② 不 害 苗 長 而 已。
苗《なへ》の長《ちやう》ずるを害《がい》せざるのみ。
訳 苗が伸びるのを損なわなかっただけだ。

9

漢書《かんじょ》

句形 比較形

前漢《ぜんかん》の宣帝《せんてい》の時代に、西方の異民族である羌《きょう》が反乱を起こした。宣帝は、当時七十歳を過ぎていた将軍・趙充国《ちょうじゅうこく》のもとに御史大夫《ぎょしたいふ》の丙吉《へいきつ》を遣わして、誰を羌討伐軍の将軍にすればよいかと尋ねた。

充*国対ヘテ曰ハク、「①亡《な》シト下踰《こ》ユル*二於老臣ニ一者上矣。」上《しやう》*遣メテレ問ハレ焉ニ。a 曰ハク、「将軍度《はか》ルニ二羌《きやう》*虜《りよ》ヲ一何如。b（将軍が羌虜の兵力をおしはかると）②当ニレ用ヰル二幾人ヲ一キカト。」（どれだけの兵力）充国曰ハク、「③百聞ハ不レ如カ二一見ニ一、兵ハ難シ二遥カニ度リ一。（戦いのことは遠くからでは推測できないものです。）臣願ハクハ馳《は》セテ至リ二金*城ニ一、図*シテ上《たてまつ》ラン二方*略ヲ一。c 然レドモ羌*戎《じゆう》小夷《い》、逆ラヒテレ天ニ背*畔ス。滅亡スルコト不レ久シカラ。願ハクハ陛下以ツテ属《しよく》*シ二老臣ニ一、④勿以為憂。」（ご心配なさいませぬように。）上笑ヒテ曰ハク、「⑤諾ト。」


*充国…趙充国。前漢の将軍。 *踰…「越」に同じ。

*上…主上。天子のこと。ここでは前漢の宣帝。

*羌虜…中国西部に住んでいたチベット系の異民族である羌。「虜」は敵をののしっていう語。 *金城…羌の根拠地。 *図…図に描く。

*方略…方策。はかりごと。 *羌戎小夷…「取るに足らぬ蛮族の羌」の意。

*背畔…そむく。 *属…任せる。

本文の展開 空欄にあてはまる語句を本文中から抜き出せ。［1点×4］

（羌族の反乱に、天子は誰を将軍として派遣しようかと考えていた。このとき充国は七十余歳。天子はこれを老齢と考えた。）

▼天子は充国に尋ねた。

「①［　　］の兵力はどれほどか？」

▼充国は答えた、

「②［　　］は③［　　］に如かず。④［　　］に馳《は》せ参じて敵地を見て、策を立てましょう。」

▼天子は笑って「諾。」と言った。

基本句形の整理 比較形 ➡3行

比較形とは、二つ以上のものの状態や性質などを比べる表現である。

◆二者の比較

●―二於～一・―二于～一・―二乎～一 ～ヨリ(モ)―

●不レ如カ二～一・不レ若カ二～一 ～ニしカず

知・技 /25

思・判・表 /25

合計 /50

目標解答時間 20分

問一 語句 二重傍線部a～cの読みを現代仮名遣いで書け。 〔3点×3〕

a ［　　　］ニ　b ［　　　］　c ［　　　］レドモ

問二 文脈 傍線部①「老臣」は誰をさすか。本文中から抜き出せ。（訓点不要） 〔7点〕

［　　　　］

問三 訓読 傍線部②「当㆑用㆓幾人㆒。」を書き下し文に改めよ。（文末の「と」は不要） 〔4点〕

［　　　　］

問四 内容 傍線部③「百聞不㆑如㆓一見㆒」で、充国はどうするのがよいと主張しているのか。最も適当なものを次から選べ。 〔7点〕

ア 天の意思に逆らわない。
イ このままじっとしている。
ウ 異民族を信じない。
エ すぐに金城に行く。

［　　］

問五 訓点 傍線部④を「以つて憂ひと為す勿かれと。」と読めるように、返り点と送り仮名をつけよ。 〔4点〕

勿　以　為　憂。

問六 内容 傍線部⑤「上笑曰、『諾。』」から、充国はどうすることになったとわかるか。次から選べ。 〔7点〕

ア 羌討伐軍の将軍に任命された。
イ 丙吉の部下として出征した。
ウ 高齢のため引退させられた。
エ 天子にあきれられた。

［　　］

◆最上級

● 無㆑如ㇰハ～ニ・無㆑若ㇰハ～ニ・莫㆑如ㇰハ～ニ・莫㆑若ㇰハ～ニ
～ニしクハなシ

A ハ C ニ 於 B ヨリ(モ) ➡ AハBヨリ(モ)C 訳 AはBよりもCだ

例 青ハ取リテ之ヲ於藍㆒ヨリ、而青ニ於藍㆒ヨリモ
➡ 青《あを》は之《これ》を藍《あゐ》より取《と》りて、藍《あゐ》よりも青《あを》く、
訳 青(の染料)は藍草から取るが、藍草よりも青く、

問題演習

1 次の文を書き下し文に改めよ。 〔2点×2〕

① 苛　政ハ　猛㆓於　虎㆒ヨリモ　也。 訳 むごい政治は虎よりもひどい。

［　　　　］

② 百　聞ハ　不㆑　如カ㆓　一　見㆒ニ。 訳 百回聞くことは一回見ることに及ばない。

［　　　　］

2 書き下し文を参考にして、次の各文に返り点・送り仮名をつけよ。 〔2点×2〕

① 霜　葉　紅　於　二　月　花。
霜葉《さうえふ》は二月《にぐわつ》の花《はな》よりも紅《くれなゐ》なり。
訳 霜で色づいた葉は二月に咲く花よりも赤い。

② 人　莫　若　故。　人《ひと》は故《ふる》きに若《し》くは莫《な》し。
訳 人は古なじみに越したことはない。（一番よい。）

1 奥《おく》の細道《ほそみち》 × 拾遺《しふゐ》和歌集・後拾遺《ごしふゐ》和歌集・千載《せんざい》和歌集

奥州(現代の東北地方)の玄関口である白河の関は、古来歌によまれてきた名所であった。次の【文章Ⅰ】は、一六八九年(元禄《げんろく》二)に松尾芭蕉《まつおばしょう》と門人の曽良《そら》が白河の関にたどり着いた際に記したものであり、【文章Ⅱ】は、白河の関を題材にしてよまれた古歌である。【文章Ⅰ】には【文章Ⅱ】の古歌をふまえた表現がある。

【文章Ⅰ】

a心もとなき日数《ひかず》重《かさ》なるままに、白河の関*にかかりて旅心《たびごころ》定まりぬ。Aいかで都へとたより求めしもbことわりなり。中にもこの関は三関《さんくわん》*の一《いつ》にして、①風騒《ふうさう》の人、心をとどむ。B秋風を耳に残し、C紅葉《もみぢ》を俤《おもかげ》にして、青葉の梢《こずゑ》なほあはれなり。D卯《う》の花の白妙《しろたへ》に、茨《いばら》の花の咲きそひて、雪にも越ゆる心地ぞする。②古人冠《かんむり》を正し、衣装を改めしことなど、清輔《きよすけ》*の筆にもとどめおかれしとぞ。

③卯の花をかざしに関の晴着《はれぎ》かな　曽良

＊白河の関…今の福島県白河市にあった古代の関所。
＊三関…奥州三関のこと。白河の関・念珠《ねず》が関・勿来《なこそ》の関の三関所をいう。
＊清輔の筆…藤原清輔の書いた歌論書『袋草紙』のこと。藤原清輔は平安後期の歌人。
＊陸奥国…今の青森県、岩手県、宮城県、福島県と秋田県の一部。
＊鳥羽殿…白河上皇が造営した離宮。今の京都市伏見区にあった。
＊嘉応二年法住寺殿の殿上歌合…一一七〇年(嘉応二)に建春門院が催した歌合。法住寺殿は後白河上皇の御所で、今の京都市東山区にあった。

【文章Ⅱ】

拾遺和歌集

陸奥国《みちのくに》*の白河の関越え侍りけるに　平兼盛《たいらのかねもり》

(1)たよりあらばいかで都へ告げやらむ今日白河の関は越えぬと

後拾遺和歌集

陸奥国にまかり下《くだ》りけるに、白河の関にてよみ侍りける　能因法師《のういんほふし》

(2)都をば霞《かすみ》とともにたちしかど秋風ぞ吹く白河の関

千載和歌集

白河院、鳥羽殿《とば》*におはしましけるとき、男《をのこ》ども歌合《うたあはせ》し侍りけるに、卯の花をよめる　藤原季通《ふぢはらのすゑみち》

(3)見で過ぐる人しなければ卯の花の咲ける垣根や白河の関

嘉応《かおう》*二年法住寺殿の殿上《てんじやう》歌合に、関路の落葉《らくえふ》といへる心をよみ侍りける　源頼政《みなもとのよりまさ》

(4)都にはまだ青葉にて見しかども紅葉散り敷く白河の関

知・技 /12
思・判・表 /38
合計 /50
目標解答時間 25分

問一 語句 二重傍線部a・bの本文中の意味を、それぞれ選べ。［3点×2］

a 心もとなき　ア 不十分だ　イ 落ち着かない　ウ はかない　エ はっきりしない

b ことわりなり　ア 一時的だ　イ 切実だ　ウ 優美だ　エ もっともだ

問二 表現 傍線部①は、風雅に打ち込む人々が詩歌を残したことを意味する。「とどむ」と表現したのは、どの言葉の縁語によるものか。本文中から一字で抜き出せ。［3点］

問三 知識 傍線部②には漢詩文の影響が見られる。このようなリズミカルな表現を何と言うか。漢字二字で答えよ。［3点］

表現

問四 内容 次の中から芭蕉が白河の関で実際に接したものを三つ選べ。［2点×3］

ア 秋風　イ 紅葉
ウ 青葉　エ 卯の花
オ 茨の花　カ 雪

問五 表現 曽良の句から、季語を抜き出して季節を答えよ。またこの句から感じられる印象として適当なものを次から選べ。［2点×3］

ア 可憐　イ 清澄　ウ 華麗　エ 風流

季語　季節　印象

問六 内容 傍線部③について、なぜ卯の花を頭にかざしたのか。適当なものを次から選べ。［3点］

ア 見事に咲いた卯の花で、遊び興じてみたかったから。
イ 白河の関で昔の人が衣服を改めたのをまねたから。
ウ 卯の花を髪に挿した昔の人をまねたから。
エ 名句を残すきっかけがほしかったから。

問七 主題 【文章Ⅰ】において、芭蕉が多くの古歌や故事をふまえたのは、「古人の［　　］につながる」という意識によるものと思われる。空欄にあてはまる適当な言葉を次から選べ。［4点］

ア 伝統　イ 権威
ウ 生活　エ 自然

問八 内容 【文章Ⅱ】(1)～(4)で表現されているものを、次の中からそれぞれ選べ。なお、同じ記号は一度しか選べない。［2点×4］

ア 白河の関のように人を止める景色の美しさ。
イ 色彩の対比で描く都と白河の関の距離感。
ウ 都から白河の関までの道のりの遠さ。
エ 白河の関を越えることができた感激。

(1)　(2)　(3)　(4)

問九 知識 【文章Ⅱ】からもわかるように、白河の関を題材にした歌は多い。このように、古来多くの歌によまれた名所のことを何というか。漢字二字で答えよ。［3点］

問十 表現 【文章Ⅰ】の傍線部A～Dは、いずれも【文章Ⅱ】の古歌をふまえた表現である。【文章Ⅱ】のどの古歌をふまえた表現か、【文章Ⅱ】の(1)～(4)の番号でそれぞれ答えよ。［2点×4］

A　B　C　D

2

無題《むだい》×思い出す事など

夏目《なつめ》漱石《そうせき》

漢詩

知・技 /25
思・判・表 /25
合計 /50
目標解答時間 25分

一九一〇年（明治四三）、夏目漱石は胃潰瘍の療養のために訪れた伊豆の修善寺《しゅぜんじ》で大吐血を起こし危篤状態となるが、奇跡的に回復する。次の【文章Ⅰ】は、その二か月後に漱石が作った漢詩、【文章Ⅱ】はその漢詩を作った際のことを記した随筆の一部である。これらを読んで、後の問い（問一〜八）に答えよ。

【文章Ⅰ】

無題　夏目漱石

①遺却*新詩無処尋
*嗒《たふ》然《ぜん》トシテ隔テテレ牖《まど》ヲ対《む》カフ二遥《えう》Aニ一
*斜陽満チテレ径《みち》ニ照ラスコトレ僧ヲ遠ク
黄葉一村B
懸クルハ二*偈《げ》ヲ壁間ニ一*焚《や》クノレ仏ヲ意
見ルハ二雲ヲ天上ニ一②抱クノレ琴ヲ心
a人間ノ至楽ハ*江湖ニ老ユルコト
犬吠《ほ》エ鶏鳴ク③共ニ好音

*新詩…漱石が関心を寄せていた西洋的な文学。

*嗒然…我を忘れてぼんやりする様子。

*斜陽…夕日。

*偈…仏典の中の韻文。

*焚仏…丹霞《たんか》禅師が厳しい寒さに木の仏像を焼いて暖をとった故事に基づく。仏の心は仏像にはないことをいう。

*江湖…川と湖。世間から離れた場所をいう。


【文章Ⅱ】

もっとも趣からいえばまことに旧《ふる》い趣である。何の奇もなく、何の新もないといってもよい。実際*ゴルキーでも、*アンドレーフでも、*イブセンでも*ショウでもない。その代わりこの趣は彼ら作家のいまだかつて知らざる興味に属している。また彼らの決して与《あず》からざる境地に存している。現今のわれらが苦しい実生活に取り巻かれる如《ごと》く、現今のわれらが苦しい文学に取り付かれるのも、やむを得ざる悲しき事実ではあるが、いわゆる「現代的気風」に煽《あお》られて、三百六十五日の間、傍目《わきめ》も振らず、*しかく人世を観じたら、人世は定めし窮屈でかつ殺風景なものだろう。たまにはこんな古風の趣がかえって一段の新意をわれらの内面生活上に放射するかも知れない。余は病によってこの陳腐な幸福と爛熟《らんじゅく》な寛裕《くつろぎ》を得て、初めて洋行から帰って平凡な米の飯に向かった時のような心持ちがした。


*ゴルキー…マクシム・ゴーリキー。ロシアの小説家・劇作家。

*アンドレーフ…レオニド・アンドレーエフ。ロシアの作家。

*イブセン…ヘンリック・イプセン。ノルウェーの劇作家・詩人。

*ショウ…バーナード・ショー。アイルランド出身の文学者。

*しかく…然《しか》く。そのように。

問一 知識 【文章Ⅰ】の詩の形式を答えよ。〔3点〕

問二 訓点 傍線部①を「新詩を遺却して処《ところ》として尋ぬる無し」と読めるように、返り点と送り仮名をつけよ。〔6点〕

遺 却 新 詩 無 処 尋

問三 知識 空欄Aに入る語として適当なものを次から選べ。〔4点〕

ア 峰　**イ** 村　**ウ** 海　**エ** 林

問四 知識 空欄Bに入る表現として適当なものを次から選べ。〔4点〕

ア 農夫孤《タリ》　**イ** 紅葉満《チタリ》

ウ 蔵《スルコト》レ寺《ヲ》深《シ》　**エ** 聴《ク》ニ鐘《ノ》響《キヲ》一

問五 内容 傍線部②「抱レ琴心」の説明として適当なものを次から選べ。〔5点〕

ア 俗世間を超越した自由で高雅な心情を抱いている。

イ 相手に自分の思いが伝わらない悲しみを表現している。

ウ 外国でも自分の文学が評価されることを願っている。

エ 音楽を唯一の楽しみとして、退屈をまぎらわせている。

問六 語句 二重傍線部a「人間」の、⑴読みを現代仮名遣いで書き、⑵同じ意味の語を【文章Ⅱ】の中から抜き出せ。〔4点×2〕

⑴　⑵

問七 内容 傍線部③「共」がさす具体的な内容を【文章Ⅰ】の中から二つ抜き出せ。（返り点・送り仮名不要）〔4点×2〕

問八 文脈 次の会話文は、【文章Ⅰ】【文章Ⅱ】についての話し合いである。これを読んで、空欄A〜Cに入る語句を、【文章Ⅰ】【文章Ⅱ】から指定された条件で抜き出せ。〔4点×3〕

教　師：【文章Ⅰ】と【文章Ⅱ】は、人気小説家だった夏目漱石が四十三歳のときに大吐血を起こした、いわゆる「修善寺の大患《たいかん》」の直後に書かれたものだよ。

生徒A：【文章Ⅱ】の「A（一字）」が「修善寺の大患」のことですね。

生徒B：生死の境をさまようような大病にかかったわけですから、いろいろな影響があったでしょうね。

教　師：そうだね。【文章Ⅱ】より前の部分で漱石は、【文章Ⅰ】の漢詩について、実景とは反しているが当時の自分の心情を詠じたものとしては適当だと評している。どんな心情なのか、【文章Ⅰ】【文章Ⅱ】から考えてみようか。

生徒C：【文章Ⅱ】では、【文章Ⅰ】の趣のことを、「旧い趣」とか「古風の趣」と言っていますね。

生徒A：【文章Ⅰ】と対比されるのは、二・三行目に出てくる作家たちの「現代的気風」に満ちた作品ですね。そうした作品はまた、「B（五字）」とも表現されています。

生徒B：だとすると、それと対照的な十一行目の「陳腐な幸福と爛熟な寛裕」が、当時の漱石の心情だったのではないでしょうか。

生徒C：【文章Ⅰ】でいうと、「C（四字・訓点不要）」ですね。

教　師：漱石は、イギリス留学により日本を離れたことで日本の価値を発見したように、死を目前にしたことで生きる意味を再発見したんだね。

A　B　C

「読み比べ」問題に取り組む際のポイント

近年、大学入試では、一題に複数の文章を提示し、比較・関連付けを行ったうえで解答させる「読み比べ」問題の出題が増えている。

古文・漢文分野の「読み比べ」問題では、複数の文章がすべて古文もしくは漢文の場合が多いが、古文と漢文の組み合わせや、古文もしくは漢文と現代文（会話文含む）の組み合わせで出題される場合もある。

ここでは、複数の古文作品・漢文作品の「読み比べ」を行う際の着眼点をまとめた。

複数の文章を読む際の着眼点

1 関係性を捉える

提示された複数の文章が、互いにどのような関係にあるのかを捉える必要がある。「文章Aと文章Bは同じ話題を扱っている。」「文章Aは文章Bをもとに書かれた文章である。」のように、問題のリード文に文章どうしの関係性が提示されている場合があるので参考にするとよい。

「読み比べ」問題では、原作とその注釈書が出題されることがある。注釈書とは、ある作品について、後世の人が原作の内容を分析・解説したもので、注釈者の感想や評価を記している場合もある。また、異なる筆者による注釈書どうしの「読み比べ」問題が出題される場合もある。

古文作品と漢文作品との「読み比べ」問題では、中国の古典文学作品（漢文）と、その内容や筋をもとにして別の作品に書き改めた翻案作品（古文）が出題される場合がある。

翻案作品の例

『唐物語《からものがたり》』…中国の故事を翻案した平安時代の説話集

『伽婢子《おとぎぼうこ》』（浅井了以《あさいりょうい》）…中国白話小説を翻案した江戸時代の仮名草子

『雨月《うげつ》物語』（上田秋成《うえだあきなり》）…和漢の古典に取材した江戸時代の怪異小説集

2 共通点を捉える

異なる複数の文章を読み比べるとき、多くの場合、それらの間に何らかの共通点が存在する。どのような「共通の土台」を持っているかを見つけることが、「読み比べ」の第一歩である。

1の関係性を捉えることができていれば、共通点を捉えることも難しくはないだろう。たとえば、1であげた漢文作品とその翻案作品との「読み比べ」問題の場合、内容や登場人物、場面・状況はほぼ共通している。

3 相違点を捉える

複数の文章の間に「共通の土台」を見いだしたとしても、「読み比べ」問題にそれらの文章が示されているということは、それらの間に何らかの差異があると考えてよい。

たとえば、1で示した原作とその注釈書との「読み比べ」問題では、出来事や登場人物の言動に対する注釈者の感想や評価が加わることにより、新たな解釈や視点が提示される場合がある。また、1で示した漢文作品とその翻案作品との「読み比べ」問題では、漢文から古文に改められたことによる文体・表現の違いのうえに、内容にも違いが見られる。

共通点・相違点を探す際の観点

複数の文章間の共通点・相違点を捉えるには、各文章をしっかり読み取ったうえで、次の観点に注目するとよい。

作者…同じか別か
内容…テーマ（主題）・ジャンル・ものの見方・考え方（感想・評価）
登場人物…心情・会話・行動
場面・状況…場所・時間
表現…描写（会話・情景）・文体・語彙

訂正情報配信サイト
利用に際しては、一般に、通信料が発生します。

https://dg-w.jp/f/94b1c

ニューフェイズ　古典 1

2024年 1 月10日　初版第 1 刷発行
2025年 1 月10日　初版第 2 刷発行

編　者　第一学習社編集部
発行者　松　本　　洋　介
発行所　株式会社　第一学習社

広　島：〒733-8521　広島市西区横川新町 7 番14号　☎082-234-6800
東　京：〒113-0021　東京都文京区本駒込 5 丁目16番 7 号　☎03-5834-2530
大　阪：〒564-0052　吹田市広芝町 8 番 24 号　☎06-6380-1391
札　幌：☎011-811-1848　仙　台：☎022-271-5313　新　潟：☎025-290-6077
つくば：☎029-853-1080　横　浜：☎045-953-6191　名古屋：☎052-769-1339
神　戸：☎078-937-0255　広　島：☎082-222-8565　福　岡：☎092-771-1651

ホームページ　https://www.daiichi-g.co.jp/

■ ■ ■ 技能別採点シート ■ ■ ■

※「語句」欄には「重要古語」、「文法」欄には「文法の整理」、「句形」欄には「基本句形の整理」の点数も加えて書き込みましょう。

		知識・技能						思考力・判断力・表現力							合計
		語句	文法	句形	訓読	訓点	知識	内容	文脈	理由	口語訳	表現	主題	本文の展開	
古文編	1	/4	/10					/13	/6	/13				/4	/50
	2	/4	/10					/12		/7	/7		/6	/4	/50
	3	/4	/12					/6	/11		/6		/7	/4	/50
	4	/4	/11						/11	/13			/7	/4	/50
	5	/4	/8					/20	/6				/8	/4	/50
	6	/4	/11					/11		/5	/8		/7	/4	/50
	7	/4	/10						/11	/14	/7			/4	/50
	8	/4	/10					/21			/5		/6	/4	/50
	9	/4	/16					/12	/8			/6		/4	/50
	10	/4	/9					/5	/15	/6			/7	/4	/50
	11	/4	/10					/12			/6	/14		/4	/50
	12	/4	/12					/12	/12	/6				/4	/50
	13	/4	/12					/6	/6	/12	/6			/4	/50
	14	/4	/12						/12	/6	/12			/4	/50
	15	/4	/8						/6	/17	/6		/5	/4	/50
	16	/4	/8				/6	/7	/7	/7			/7	/4	/50
漢文編	導入 訓読のきまり														/50
	導入 再読文字														/50
	導入 助字・置き字														/50
	1	/12		/8	/5				/15		/6			/4	/50
	2	/12		/8	/5			/7	/7		/7			/4	/50
	3	/12		/8		/5		/7	/7		/7			/4	/50
	4	/9		/8	/4	/4		/7	/7				/8	/3	/50
	5	/6		/8	/6			/13	/13					/4	/50
	6	/13		/8	/4			/7	/7		/7			/4	/50
	7	/9		/8	/6			/6	/11				/7	/3	/50
	8	/13		/8		/4		/7	/14					/4	/50
	9	/9		/8	/4	/4		/14	/7					/4	/50
読み比べ	1	/6					/6	/17				/17	/4		/50
	2	/8				/6	/11	/13	/12						/50

設問の種類と対策のしかた

前ページで集計した点数を分析して、弱点となっている設問形式があればその内容を確認し、意識的に対策に取り組もう。

語句 の設問

語句・成句の読みや意味、同義語などを問う。

場面に合った意味を捉えられるように、本文での使われ方を参考に理解を深めよう。

文法・句形 の設問

古典文法・漢文句形に関する知識を問う。

文法・句形は読解のうえでも基礎となる。別冊ワークノートにある「文法の整理／基本句形の整理＋」を使って演習を重ねよう。

訓読・訓点 の設問（漢文）

訓読のきまりや書き下し文について問う。

重要な句形や語彙を含んだ箇所がよく問われる。ポイントとなる部分がどこにあるか、解答解説編を読みながらよく確認しよう。

知識 の設問

文学史や古典常識、修辞法の名称や漢詩のきまりなどを問う。

解説動画や別冊ワークノートにある「文学史の確認」で文学史の知識を確認しよう。

内容 の設問

傍線部について具体的な内容を問う。

言い換えの箇所を問うたり、心情を問うたりとさまざまなパターンがある。解答解説編を読んで解き方の筋道を確認しよう。

文脈 の設問

主述の関係や指示語のさす内容、文どうしのつながりなど、文章の流れを問う。

省略された主語や指示語のさす内容を考えることで、古典は読解がしやすくなる。解答解説編の本文分析で主語や指示語を確認し、別冊ワークノートで精読に取り組もう。

理由 の設問

主張の根拠、物事の因果関係、心情の理由などを問う。

内容以外に、古文の接続助詞「ば」や漢文の仮定の接続詞「則」など、文法・句形の知識がヒントになることもある。解答解説編を読み、着眼点のバリエーションを増やそう。

口語訳 の設問

傍線部の口語訳について問う。

重要な文法・句形事項や語彙を含んだ箇所が問われやすい。解答解説編の採点基準を見て、訳し漏れた部分をおさらいしよう。

表現 の設問

表現や修辞による工夫やその効果を問う。

まずは表現や修辞の技法について知識を身につけることが重要だ。解答解説編を読んで、使われている技法の要点を捉えよう。

主題 の設問

本文の主張や教訓、テーマを問う。

解答解説編の「内容研究」で文章の要点を確認し、同じジャンルやテーマの文章が出題されたときに対応できるようにしよう。

本文の展開 の設問

各段落の要約を本文からの抜き出しで問う。

解答解説編の本文分析で内容を確認するとともに、全体の構成への理解を深めよう。